人生を変える習慣のつくり方

What I Learned About Making and Breaking Habits
——to Sleep More, Quit Sugar, Procrastinate Less, and Generally Build a Happier Life

グレッチェン・ルービン　花塚 恵［訳］

Better Than Before

文響社

はじめは人が習慣をつくり、
それから習慣が人をつくる。

――ジョン・ドライデン（イギリスの劇作家、評論家）

Better Than Before

What I Learned About Making and Breaking Habits
——to Sleep More, Quit Sugar, Procrastinate Less,
and Generally Build a Happier Life

by Gretchen Rubin

この本を読むにあたって

人はどうすれば、思いどおりの自分になれるのか？　**その答えは「習慣」にある。**

毎日の生活は、習慣という目に見えないもので成り立っている。**人は約40％の行動をほぼ毎日繰り返すので、わたしたちの存在も、わたしたちの未来も、習慣によって形づくられると言える。**つまり、習慣が変われば、生き方も変わるというわけだ。

そうすると、こんな疑問が浮かぶ。習慣が生き方を変えるのだとすれば、**どうすれば習慣を変えることができるのか？**　その答えを、本書で探っていこうと思う。

といっても、探るのはあくまでも習慣の変え方なので、「午前中に運動をしなさい」「デザートは週に2回にしなさい」「オフィスを掃除しなさい」といったことは一切言わない。万人に良い効果のある習慣など存在しないからだ。生産性の高い人や、クリエイティブな人の習慣を真似すれば、同じように成功できると夢見がちだが、自分に効果がある習慣を身につけないと意味がない。小さなことから始めたほうがうまくいく人もいれば、大胆に始めたほうがうまくいく人もいる。責任感を必要とする人もいれば、責任感に反発する人もいる。たまにサボることを許すほうが良い習慣が長続きする人もいれば、たった一度サボるだけで習慣が続かなくなる人もいる。これほどバラバラなのだから、習慣をつくることが難しいのも無理はない。**自分自身を知り、自分にもっとも効果のある習慣の身につけ方を選ぶ。**これが何よりも大切だ。

本書では、**自分に合った習慣のつくり方あるいは断ち方を探れる**ようになっている。そのために多くの習慣についての実例やエピソード、具体的な身につけ方を用意した。**習慣は意志だけで変えるものではない。**より適した方法を見つけることで、良い習慣を身につけやすくし、悪い習慣にピリオドを打つことが可能になる。

いま、あなたが新しく身につけたい習慣や断ちたいと思っている習慣を思い浮かべてもらいたい。本書を読み進めながら、試してみたい習慣の身につけ方はどれか考えてみてほしい。本書の余白のどこかに、今日の日付を書いておくのもいいだろう。そうすれば「あなたが変わり始めた日」はいつだったか、いつでも思いだせる。

習慣を変える方法は単純だ。でも簡単ではない。この本を通じて、「習慣の力」を活用して毎日の生活をよりよいものにしたいと思ってもらえれば幸いだ。いつどこでこの本を読もうと関係ない。**習慣を変えるのに最適なタイミングは「いま」なのだ。**

人生を変える習慣のつくり方　目次

はじめに

Part1　知る

Part2　身につける

Part3　変わる

Part4　断つ

Part5　発見する

はじめに
～「習慣を変えれば人生が変わる」と断言する理由

「自分の行動について考える習慣を育《はぐく》むべきだというのは、道理として明らかに誤りだ。その反対こそが正しい。何も考えずにできる行動の数が増えることで、文明は進歩する」

アルフレッド・ノース・ホワイトヘッド

『数学入門』

思い返せば、わたしは昔からずっと、本でも雑誌でも演劇でもテレビ番組でも、ビフォー・アフターが描かれているものが好きだった。何かの前と後で変化があったと思うと、それがどんな変化でもワクワクする。禁煙のように大きな変化でも、机まわりの整理整頓といった些細《ささい》な変化でも、変わることになった経緯や変わる過程を知りたくなるのだ。

ビフォー・アフターという言葉は、わたしの心をとらえ、好奇心をかきたてる。劇的な変化を成し遂げる人もいるが、そうならない人も多くいる。両者にはいったいどんな違いがあるのだろうか？

作家であるわたしのいちばんの関心の対象は、人間の本質だ。とりわけ幸せというものへの関心が強い。何年か前、わたしはあるパターンに気づいた。**何かが変わって幸せになったと話すとき、人はそのカギとなる習慣が身についた話も併《あわ》せて話す。**変われなかったことを残念に思っている人の話にもやはり、習慣が関係していることが多い。

ある日のこと、わたしは一緒にランチをしていた友人との会話をきっかけに、それまで何となくしか関心のなかった「習慣」というものにどっぷりハマることとなった。

注文を済ませると、友人がこんなことを言った。「運動を習慣にしたいんだけど、できなくて本当に嫌になっちゃう」。そして、のちにわたしの頭から離れなくなる一言が続いた。「不思議なんだけど、高校の陸上部の練習は一度も休まなかったのに、今は走りに行こうと思えないのよ。どうしてかしらね」

「どうしてかしらね」。同じ言葉を繰り返しながら、わたしはもっている知識を頭のなかで検索し、役に立つ情報や納得のいく説明を探した。でも、何も見つからなかった。

このときはすぐに違う話題になったが、それから何日経っても彼女の一言が頭から離れなかった。同じ人が同じことをしようとしているのにできない。それはなぜなのか？　昔は毎日きちんと運動を続けられたのに、なぜいまはできないのか？　どうすればまた始められるのか？　友人の疑問はずっとわたしの頭のなかでこだましていた。そこには、何か大切なことに足を踏みいれているという予感があった。

そしてようやく、わたしは気がついた。**「どうすれば人は変われるかを理解するためには、習慣を理解する必要がある」**のだと。

夢中になるテーマを見つけたときは、関係するありとあらゆる本を読むことにしている。今回はとりわけ、習慣に関する論文、歴史に関する本、伝記、そして習慣に関する最新の調査報告を読んだ。それと同時に、自分の周りの日常も観察した。研究室での実験ばかりが、人間の本質を研究する道ではない。本を読んでいて目に飛び込んできた一文や、友人の陸上部時代の話のような誰かの何気ない一言が、なぜかわからないがとても重要なこととして印象に残ることがある。さまざまなことを学んでいくうちに、そういう漠然としたパズルのピースたちの組み合わせ方に気づき、最終的にパズルの絵が明らかになる。

そうやって習慣について学ぶなかで、わたしが大事だと思ったのは次のようなことだ。

●楽しくないことを習慣にするのが難しいのは理解できるが、楽しくても習慣になりにくいものがあるのはなぜか？
●一晩で習慣が身につくこともあれば、長年の習慣が突然消えることもあるのはなぜか？
●習慣を毛嫌いし抵抗を覚える人もいれば、進んで身につけようとする人もいるのはなぜか？
●ダイエットに成功しても、リバウンドで以前より体重が増える人が多いのはなぜか？
●習慣がもたらす結果に無頓着《むとんちゃく》な人が多いのはなぜか？（例：アメリカでは慢性疾患《まんせいしっかん》の処方薬をきちんと服用していない人が全体の3分の1から2分の1を占めると言われている）
●簡単にできること（例：シートベルトを締める）、難しさが伴《ともな》うこと（例：飲酒量を減らす）に関係なく、どんな習慣でも同じやり方で変えることができるのか？
●習慣を変えたいと切望しても、変えないといけない状況に追い込まれても、変えることができないときがあるのはなぜか？（例：わたしの友人はこう言っていた。「体質に問題があって、食べると体調が悪くなる食べものがあるのだけど、つい食べてしまう」)

● 習慣を身につける方法は、誰が取りいれても同じ効果を期待できるのか?

● 習慣を形成しやすい状況があるとすれば、どういう状況か? また、なぜその状況だと形成しやすいのか?

わたしはこれらの答えを必死で探した。

「意思の弱さ」に打ち勝つには

習慣によって人が変わることが可能になるのはなぜだろうか? その答えとも言える一節が、『意志力の科学』という本に書かれている。著者のロイ・バウマイスターとジョン・ティアニーは次のように語る。「研究者の意表を突いて、自制心の強い人は、そうでない人に比べて欲求に抵抗する時間が短かった。自分をうまくコントロールできる人が時間を使う主な対象は、緊急事態への対処ではない。学校や職場で役に立つ習慣やルーティンを形成することである」。要するに、**習慣を形成することで、自制心を使う必要性をなくしているのだ。**

自制心は生きていくうえで欠かせないものの一つだ。自分をうまくコントロールできる人のほうが、幸せを強く感じ、精神的にも安定しているという。他者を思いやる気持ちが強く、人とのつながりが濃く、仕事でも成功する。また、ストレスや揉めごとの対処もうまい。寿命も長く、悪い習慣に手を出そうとしない。とはいえ、調査によると、**自制心で誘惑に対抗しようとしても、2回に1回程度しか成功しない**という。また、さまざまな国籍の被験者に「自分の欠点」を挙げてもらうという調査では、「自制心のなさ」という回答がもっとも多かった。

自制心についてはさまざまな議論がある。たとえば、自制心には限りがあり、使うと消耗《しょうもう》すると主張する者がいる。一方で、意志に限界はなく、自分の行動を見直すことで新たな自制心を沸き上がらせられると反論する者もいる。わたし自身は、朝目覚めたときはそれなりに自制心があるけれども、使うほどに減っていくような気がしている。以前、打ち合わせの部屋に置いてあったクッキーの皿に手を伸ばすことを1時間我慢したが、終わって部屋を出るときに、クッキーを2枚つまんでしまった。

こういうことをしてしまわないためにも、習慣は大切だ。習慣としての行動が増えれば、それだけ自制心を節約できる。オフィスで使ったコーヒーカップを食器洗浄機に入れることが習慣になっていれば、何も考えずにそうするので、自制心を使わずにすむ。もちろん、良い習慣を確立させるための自制心は必要だ。とはいえ、一度習慣として確立してしまえば、自分が望む行動を労せず行えるようになる。

習慣は、なぜ自制心の節約につながるのか。それにはちゃんと説明できる理由がある。「習慣」という言葉は一般に、繰り返し行う行動と定義される。特定の状況がきっかけとなって引き起こされ、それをするという明確な意識や意図は特に必要としない。同じ行動を何度も繰り返すことで、習慣として定着する。

しかし、習慣の定着を本当に決定づけるものは、行う頻度でも、繰り返すことでも、その行動の引き金となることへの慣れでもない。これらはもちろん大事だが、習慣の定着を決定づける重要なカギは「決断という行為」にある。正確に言えば、**決断という行為がなくなることで習慣となる**。習慣となっていることをするのに、決断は必要ない。その決断はすでになされている。朝起きたら歯を磨く、薬を飲むといったことは、すでにすると決めていることだから、わざわざ決断しない。すでに意識していることだから、無意識に行う。理にかなった選択かどうかを心配することもない。**最初に理にかなった選択をすれば、その後、選択をする必要はなくなる。**

習慣のメリット・デメリット

ある日の朝、わたしはロサンゼルスに暮らす妹に電話をかけた。5歳下のエリザベスは、わたしにとっては「妹であり賢者」だ。何について考えているときでも、彼女は必ず優れた洞察力を発揮して意見をくれる。

わたしは現在、習慣というテーマに夢中になっていることを彼女に伝えた。

「習慣はなぜ大切なのか、その理由がわかったの」と妹に言い、自分がそう結論を出した経緯を語った。「習慣になると、決断をしないですむし、自制心も使わない。何も考えずにやりたいことはやって、やりたくないことはやらない。ねえ、これって理にかなってるかしら？」。

「かなってると思う」。エリザベスは素直に賛同してくれた。彼女はわたしが夢中になっていることの話を聞くのに慣れている。

「でもね、わからないことがあるの。人によって違うのはどう説明できるのかしら？　習慣的な行動を好む人もいれば、嫌う人もいる。すぐに習慣が身につく人もいれば、身につけるのに苦労する人もいる。これはどうして？」

「まずは自分について理解してみたら？　姉さんほど『習慣』が好きな人はいないんだから」

電話を切ると、わたしはいつものことながらエリザベスの洞察力に恐れいった。言われてみれば確かに、わたしは習慣というものを心から受けいれている。新しい習慣を身につけることにも積極的だ。

習慣について知れば知るほど、習慣のさまざまなメリットに気づくようにもなった。**わたしたちの脳は、どんな行動も可能であれば習慣にしようとする。**そうして脳の働きを節約し、複雑なことや初めてのこと、急を要することなどの対処のほうに多くの労力を費やすのだ。行動が習慣として定着すれば、決断することも、選択肢を天秤《てんびん》にかけることもない。自分にご褒美を与える必要もなければ、自分を駆り立てる必要もない。日々の生活はシンプルになり、雑事に煩《わずら》わされることも減る。たとえば、コンタクトレンズをつける手順をいちいち考える必要がなければ、レンズを目に入れつつ、部屋のエアコンの水漏れ対策について落ち着いて考えることだってできる。

また、心配ごとがあるときや頭を酷使《こくし》するときにわたしたちを助けてくれるのも習慣だ。調査によると、**人は習慣になっていることをしているあいだは、自分をコントロールできているという感じて不安が軽くなる**という。わたしには、講演をする際に必ず着ていたブルーのロングジャケットがある。2年ほど欠かさず着たのでかなりくたびれているが、特に不安を感じる講演のときは、その着古したジャケットにどうしても手が伸びる。だが意外に思うかもしれないが、ストレスを抱えているからといって、自分を甘やかすばかりとは限らない。**不安があるときや疲れているとき、人はその良し悪しにかかわらず、身についている習慣にすがろうとする**のだ。学生を対象に実施した調査によると、健康的な朝食をいつも食べている学生は試験期間中も健康的な食生活を送ったのに対し、その習慣のない学生は、試験期間中に不健康な食生活を送ったという。こうしたことからわかるように、どんな習慣を形成するかを意識することがとても重要になる。それにより、ストレスを感じたときに、状況を改善させる行動に出るか、悪化させる行動に出るかが決まる。

ただし、習慣にも欠点はある。行動が習慣化すると、毎日同じことを繰り返すので、行動は早くなり、**行動しているという意識があまりなくなる**。新しい仕事に就いて1カ月のときは、何をするにも時間がかかるように思えるが、5年めになればそれほど時間がかかると思わなくなるのはそのためだ。一方で、**いつもの行動を邪魔されると、新たな情報を脳で処理することになり、通常より時間がかかる**。

わたしが早朝にコーヒーを淹れるようになったとき、最初の数回はしっかりと味わって飲んでいたが、しだいに日常の一部として当たり前になった。いまはもうコーヒーを味わって飲んでいないのに、朝にコーヒーを飲まないとイライラする。

良くも悪くも、日常生活を目に見えない形で成り立たせているのが習慣なのだ。ほぼ毎日、ほぼ同じ状況で繰り返す行動は全体の約40％を占めると本書の冒頭で述べた。たぶん、わたしの割合はもっと高いと思う。わたしは毎日同じ時間に起き、同じ時間に夫のジェイミーにおはようのキスをし、白いTシャツとヨガパンツに着替え、いつもと同じランニングシューズを履き、いつもと同じ場所に行ってノートパソコンを広げて仕事をする。近所に出かけるときは、決まって同じルートを通る。メールの処理は、決まって同じ時間に行う。長女イライザと次女エレノアを寝かしつける順番もいつも同じ。「今日のような日を送ることになったのはなぜか？」と考えれば、わたしの毎日はその大部分が習慣によって成立しているからだとわかる。

有名な建築家のクリストファー・アレグザンダーは次のように語っている。

『自分の人生を嘘偽りなく見つめると、ごくわずかな数の同じ出来事に支配されていて、それらに自分が何度も何度も繰り返し加わっていることがわかる。（中略）**ひとりの人間が生活するなかで起こる出来事の数は、意外なほど少ない。たぶん、12もない。**自分自身の生活を振り返れば、誰もが同じように思うだろう。最初はショックを受ける。自分に開かれた出来事の数がそんなに少ないと知れば当然だ。もっと多くの出来事を求めているわけではない。**出来事の数の少なさに気づくと、自分の生活に、生きていくための自分の能力に、その数少ない出来事がいかに大きな影響を及ぼしているのかがしだいにわかってくる。**自分にとっていい出来事ばかりなら、いい生活を送れる。でも自分のためにならないことばかりなら、そうはいかない』

健康面だけを見ても、無自覚な行動が及ぼす影響は計り知れない。不健康な食生活、運動不足、喫煙、飲酒は、病気や死を招く要因だと言われているが、いずれも自分でコントロールできることばかりだ。習慣は、さまざまな面でわたしたちの運命を握っていると言える。つまりは習慣を変えれば、人生を変えることができるのだ。

誰もが「悪い習慣」を断ち、「良い習慣」を手にしたい

人が変えたいと思う習慣は、おおよそ次の七つに分類される。わたしはこの七つを「身につけたい七習慣」と名づけた。順に紹介しよう。

①健康的な食生活を送る（例：甘いものを断つ、野菜を食べる、飲酒量を減らす）
②定期的に運動する（例：ジムに通う、毎朝ウォーキングをする、自転車で出社する）
③お金と賢く付き合う（例：決まった額を貯金する、借金を返す、予算を守る）

④リラックス上手になる（例：自然に触れる、静かに過ごす時間をつくる、十分な睡眠をとる）

⑤先延ばしにせず多くのことを成し遂げる（例：楽器を練習する、外国語を学ぶ、ブログを続ける）

⑥整理整頓された状態を保つ（例：ベッドを整える、書類をきちんと綴《と》じる、鍵の置き場所を決める）

⑦人（社会、世界）とのつながりを深める（例：友人と会う、ボランティア活動をする、家族との時間を増やす）

一つの習慣が複数のニーズを満たすこともある。「朝に公園を散歩する」なら、運動になり（②）、リラックスもできる（④）。友人と一緒に行けば、交流を深めることにもなる（⑦）だろう。身につけたい習慣について考えるときは、この七つを参考にしてほしい。

さて、Part 1「知る」に入る前に、言葉の定義について整理しておこう。「習慣」は、人々が日常的に使う幅広い意味をもつ言葉だ。「ルーティン」は複数の習慣のまとまりを意味し、「儀式」となると神秘的な意味合いが含まれる。習慣に良い悪いのレッテルを貼るべきではないという意見もあるが、わかりやすくするために、個々人が身につけたいと思う習慣を「良い習慣」、断ち切りたいと思う習慣を「悪い習慣」と呼ぶことにする。

わたしは集めた資料のなかから、習慣を変えたりつくったりする方法を探っていった。習慣のつくり方や変え方についてはなぜか、特定のやり方しか認めたがらない人が多い。それではまるで、一つのやり方が万人に効果があると言わんばかりだ。**シンプルで万能な一つの答えがあれば、どんなにいいだろう。だが、そうではないことは誰もが経験から知っている。**

ここから先の本文ではまず、「自分を知る」ことから始めてもらう。あなたの習慣のとらえ方や扱い方を、わたしが分類した「四つの傾向」のどれかに当てはめて整理するのだ。巻末に「『四つの傾向』診断テスト」があるので、そちらもぜひ活用してもらいたい。次に、Part2「身につける」では、多くの実例を元に、習慣を形成するうえで助けになる具体的な行動を探ってゆく。Part3「変わる」では、習慣を形成するうえでの始まりの重要性と、どのような始まり方があるのかを説く。Part4「断つ」においては、習慣を阻害《そがい》するものに焦点をあて、その乗り越え方にも言及する。そして最後となるPart5「発見する」では、各人の個性を尊重したうえでもっともうまく習慣と付き合っていく方法を探る。

習慣の形成に役立ちそうなものが見つかると、わたしはそれらを実際に試したくなった。自分の提唱した理論が本当に正しいかどうかは、試してみないとわからない。自分自身が実験台となって経験し、結果を分析する必要がある。ところが、「調査の一環として新しい習慣をいくつか実際に身につけるつもりだ」と友人に話すと、なぜか反対された。

「習慣を身につけようとするなんてとんでもない」

「どうして？　行動するのにいちいち決断や意志の力が必要なければ、悩むこともない。歯を磨くことだって習慣でしょ」

「冗談じゃない。僕は何かが習慣になると、型にはめられたような気分になる」

わたしの習慣びいきは変わらなかったが、この友人との会話を通じて大事なことを思いだした。**習慣は自分のために活用するものであって、支配されるものではない。**習慣のメリットは享受《きょうじゅ》したいが、自分で自分をがんじがらめにするのは避けるべきだ。

身につける習慣は、自信や自由を感じられるものでないといけない。だから、**「この習慣を身につける目的は何か？」とつねに自分に問うべきだ。**習慣は、自分に合っていないと意味がない。

習慣が変われば、生活も変わる。良い習慣を身につけると「決断」し、習慣としたい行動を自分の「意志」で開始する。そうしたら——ここからがいちばんのポイントだ——、習慣がもつ偉大な力の出番だ。決断というハンドルを握る必要も、意志というアクセルを踏む必要もない。あとは、習慣がとる舵《かじ》に委《ゆだ》ねればいい。

習慣にはそれだけの力がある。

幸せな毎日には、成長を肌で感じられる空気が欠かせない。新しいことを学んでいる、強くなっている、人間関係が好転している、自分を取り巻く環境がよくなっている、誰かの助けになっている。こういったことを実感できるかどうかは、習慣に大きくかかっている。着実かつ確実な成長は、習慣の力によるところが大きい。

習慣には、良くも悪くも人の行動を操る力があるので、不安に思う人もいるだろう。でも、自分をきちんと見つめて正しい習慣を身につければ、心の平穏、毎日のエネルギー、そして大きな結果を得られるはずだ。

「いまよりもっとよくなりたい」——誰もが抱くこの願いを叶えてくれるのが、習慣なのだ。

Part 1

知る

「この質問」で人は４タイプに分けられる

「成功者の真似だけ」は絶対するな

習慣をつくり、自分のものにするためには、まず自分を知る必要がある。ほかの誰かと同じ習慣を真似したからといって、その方法で万人が成功すると思うのは間違いだ。同じ人間は、誰一人としていない。このパートでは、自分自身に対する理解を深めることで、習慣のとらえ方や扱い方を明らかにする。自分を知るのに行動を変える必要はない。自分のことを正確に見つめることさえできればいい。

「この質問」で人は4タイプに分けられる

「違う文化をもつ人と出会って初めて、自分の奥底にある信念に気づく」
ジョージ・オーウェル
『ウィガン波止場への道』

わたしは10年近く前から、人生で学んだ教訓を「大人の心得」として掲《かか》げている。そこには「他人が楽しんでいるからといって、自分も楽しめるとは限らない」といった真面目なものもあれば、「食べものは手で食べたほうが美味しい」といったバカバカしいものもある。なかでもいちばん大事な心得は、「わたしという人間は、自分で思うよりほかの人たちと同じであり、違う」だ。たとえ大きな違いではなくとも、その違いはとても重要だ。**人はそれぞれ違うから、同じ習慣を身につけても、効果がある人とそうでない人が出てくる。**人は、自分を知れば自分をうまく管理できるようになり、周囲とうまくやっていこうとすれば、周囲のことが理解できるようになる。
だから、わたしはまず、**自分自身について知ることから始めよう**と考えた。自分の性質が習慣にどのような影響を及ぼすかを見いだすのだ。とはいえ、それは簡単ではない。小説家ジョン・アップダイクの言葉どおり、「自分がどんな人間かを教えてくれるヒントは意外なほど少ない」からだ。

わたしは、習慣のとらえ方や扱い方を分類する方法を求めてあらゆる資料に当たった。ところが、そういうものは一切見つからなかった。習慣の受けいれが得意な人や苦手な人がいるのはなぜだろうと思い悩んだのは、わたしだけなのだろうか？　習慣をひどく恐れる人がいたり、同じ状況で同じ習慣を身につけても、それを維持できる人とそうでない人がいたりするのは、いったいなぜなのだろう？

そういう人たちに共通するパターンを見つけられずにいたのだが、ある日の午後、わたしは突然ひらめいた。友人から打ち明けられた「高校の陸上部の練習は一度も休んだことがなかったのに、いま走ろうと思っても走れないのはなぜか」という悩みを反芻《はんすう》していたとき、わたしははっきりと理解した。**習慣について理解するうえで真っ先にすべき重要な問いかけは、「人は期待にどのような反応を示すか？」**だということに。

新しい習慣を形成するとき、人は自分に対して何らかの期待を設定する。だから、期待に対する反応の仕方を理解する必要がある。期待といっても**2種類**ある。**外から課される期待**（例：設定された締め切り、交通ルール）と、**自分で自分に課す期待**（例：ダイエットするという決意、新年の抱負）だ。

わたしが観察したところ、人は次の四つに分類できる。

アップホルダー（約束を守る人）：外から課される期待と自分で課す期待の両方に進んで応えようとする。

クエスチョナー（疑問をもつ人）：あらゆる期待を疑問視し、自分で正当だと判断した期待にだけ応えようとする。

オブライジャー（義務を果たす人）：外からの期待には進んで応えるが、自分で課す期待にはうまく応えられない（陸上部だった友人はこれに相当する）。

レブル（抵抗する人）：外からの期待、自分で課す期待に関係なく、あらゆる期待に反発する。

この「四つの傾向」を思いついたとき、わたしは元素の周期表を発見したような気持ちになっていた。もって生まれた傾向は、その人のものの見方や思想に影響を与える。習慣に対する影響力も甚大《じんだい》だ。もちろん、傾向はあくまでも傾向でしかないが、驚くほど多くの人が、「四つの傾向」のうちどれか一つにきっちりと収まる。巻末379ページに、あなたの傾向がわかる「四つの傾向」診断テストを収録した。どれに当てはまるかぜひやってみてほしい。

アップホルダー（約束を守る人）

アップホルダー傾向の人は、外から課される期待にも、自分で自分に課す期待にも喜んで応える。 彼らは朝目覚めると、「今日のスケジュール、やることは何だったかな？」と考える。自分に期待されていることを把握し、その期待に応えたいからだ。彼らはミスをしないように、誰か（自分自身も含む）を失望させないように、と行動する。

アップホルダーは、周囲にとっても自分自身にとっても信用のおける存在だ。**自主的に期待に応えようとするため、責任を果たす、約束を守る、締め切りを守るといったことでの苦労はほとんどない**（むしろ、締め切りより前に終えることが多い）。守らないといけ

四つの傾向

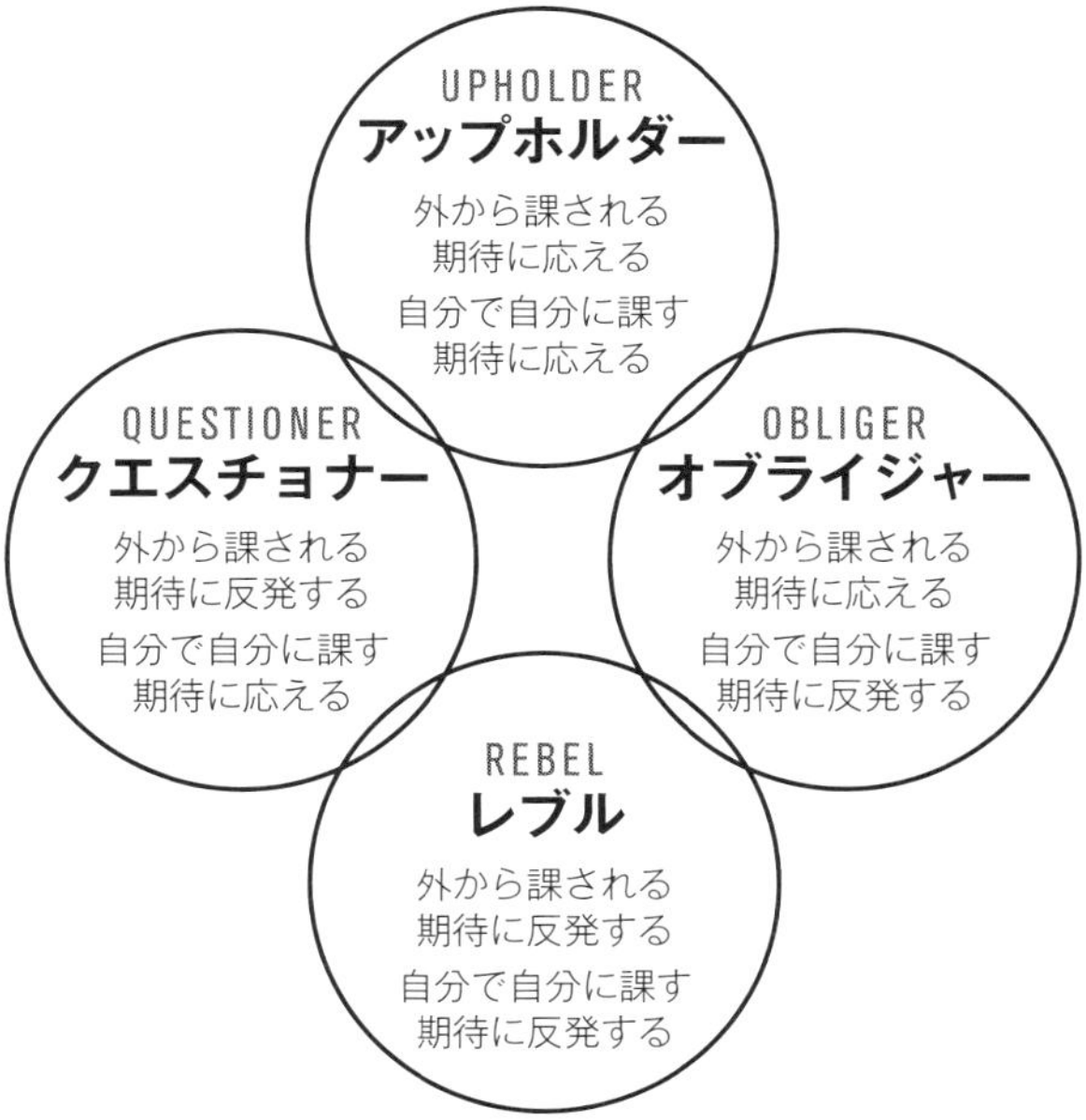
UPHOLDER
アップホルダー
外から課される
期待に応える
自分で自分に課す
期待に応える
QUESTIONER
クエスチョナー
外から課される
期待に反発する
自分で自分に課す
期待に応える
OBLIGER
オブライジャー
外から課される
期待に応える
自分で自分に課す
期待に反発する
REBEL
レブル
外から課される
期待に反発する
自分で自分に課す
期待に反発する

ないルールを進んで理解しようとするばかりか、職や倫理に関しては、正式に定められている以上のルールを模索《もさく》することも多い。

妻がアップホルダー傾向だという男性は次のように言っていた。「何かが予定に入っていると、妻は必ずそのとおりに行動しようとします。夫婦でタイへ旅行したとき、妻は食中毒になったのですが、嘔吐《おうと》しながらでも予定していた寺院を訪れたほどですよ」。

アップホルダーは、自分で自分に課す期待に応えることも義務だと感じるため、自己防衛本能が強く働く。それが結果として、**ときたま他人の期待に応えようとする傾向に歯止めをかける**こともある。「わたしには自分の時間がたくさん必要」とアップホルダー傾向の友人は言う。「エクササイズの時間でしょ、仕事の企画を考える時間、それに音楽を聴く時間も必要。そういう時間を削ることになるなら、何かを頼まれても断るわ」。

一方、**何を期待されているかがわからない状況や、守るべきルールが存在しない状況は苦手だ**。意味がないように思えることでも、期待されているなら応えざるをえないと感じる。無意味なルールでも、それを破っていい正当な理由が見つからない限りは破っていいと素直に思えない。

わたしはこの傾向に当てはまる。まぎれもないアップホルダーだ。

この傾向のせいで、わたしはルールに従うことを過剰に意識することがある。何年か前、コーヒーショップで仕事をしようとノートパソコンを広げると、バリスタから「ノートパソコンのご使用はおやめください」と言われた。以来、コーヒーショップでは、ノートパソコンを使っていいか不安になる。

アップホルダーには**決めたことを譲《ゆず》らない一面もある。**夫のジェイミーは、毎朝6時に必ず鳴るわたしのアラームに辟易《へきえき》していると思う(わたしですらときどき嫌になる)。また、ジムに行かない日は年に6回だけだという友人もいる。彼女ももちろんアップホルダーだ。

「あなたのそういうところ、家族はどう思っているの?」と尋ねてみた。

「そうね、夫は文句を言っていたけれど、いまはもう慣れたみたい」

わたしはアップホルダー傾向であることを嬉しく思っているが、マイナスの面もある。アップホルダーには、**賞賛を求めて行動するところや苦労を買って出るところ、やみくもにルールを守ろうとするところがある。**

自分はアップホルダー傾向だと気づいたとき、なぜ習慣についてのリサーチに没頭するようになったのかも納得がいった。アップホルダー傾向にとって、習慣をつくるのは比較的簡単だ(本当に簡単というわけではなく、ほかの傾向の人に比べればという意味だ)。習慣ができることに喜びを感じるから、素直に受けいれる。だが、習慣が大好きなアップホルダーですら、良い習慣の定着には苦労する。それだけ習慣の形成は難しいのだ。

クエスチョナー（疑問をもつ人）

クエスチョナーは、あらゆる期待を疑問視し、納得できると判断した期待にしか応えない。期待に応えるのは、理由や論理に納得できたときや、公正だと感じたときだ。彼らは朝目覚めると、「今日やらないといけないことは何で、なぜやらないといけないのか？」と考える。彼らの場合、外から課される期待も基本的にはすべて、自分で自分に課す期待とみなして判断する。

友人のひとりがこんなことを言っていた。「ビタミン剤をどうして飲まないのかって？医師にも飲んだほうがいいと言われているけど、めったに飲まないわ」。彼女はクエスチョナー傾向なので、「ビタミン剤を飲む必要があると思う？」とわたしは彼女に尋ねた。「そうね」少し間をおいてから、彼女は答えた。「正直言って、飲む必要はないと思ってる」。「飲んだほうがいいと自分で思えば飲む人よね。あなたって」

クエスチョナーは**「ルールのためのルール」に抵抗を覚えやすい。**ブログの読者から次のような投稿があった。「息子が通う小学校の校長から、シャツの裾《すそ》はズボンに入れるものだと言われました。わたしはそのおかしなルールに驚きの声を上げたのですが、学校からは、『ルールを守ることを教える』ためのルールがたくさんあるのだと言われました。子どもに限らず、そんな理由でルールを守らせるなんてバカげていますよ」。

クエスチョナーはじっくりと考えたうえで決断し、結論を出そうとする。**とにかく頭を使って考え、調べるときは徹底的に調べる。**情報や正当性に飢えている彼らは、ときおり度を超すこともある。「母は本当に困りものです」と、ある読者から投稿があった。「母は大量の情報を必要とする人で、わたしにも同じように必要だと思い込んでいるのです。だから絶えず、わたしが疑問に思っていなかったことや、疑問を感じるとは思えないことを尋ねてきます。尋ねられても、答えを知る必要があると思えないことばかりです」。クエスチョナー自身もまた、正当性を吟味《ぎんみ》せず素直に期待を受けいれたいと思うこともあるようだ。「分析せずにはいられない自分がつらい。どうしても、より多くの情報を求めてしまう」と、クエスチョナー傾向の友人は悲しげな顔で言っていた。

クエスチョナーを動かすのは「正当な理由」だ。少なくとも、正当な理由だと本人が信じていない限りは動かない。それが高じて、周囲から変な目で見られることもある。自ら導きだした結論を優先するあまり、専門家の意見を却下《きゃっか》しかねないからだ。彼らは、「なぜ、医師よりも自分のほうが癌について詳しいと言えるんだ?」「みんな同じフォーマットでレポートを書くのに、どうして君だけ独自のおかしなフォーマットにこだわるんだ?」といったことを言われても聞く耳をもたない。

クエスチョナーにも2種類あり、アップホルダー寄りの人と後述するレブル寄りの人がいる。夫のジェイミーは何でも疑問視するが、期待に応えてほしいと説得されれば、頑《かたく》なに拒みはしない（つまり、彼はアップホルダー寄りのクエスチョナーだ）。

クエスチョナーは**自分で価値があると思える習慣は続けるが、あくまでも習慣の効果に満足できる場合に限る。**

オブライジャー（義務を果たす人）

オブライジャーは外から課される期待には応えるが、自分で自分に課す期待に応えることを苦手とする。彼らを動かすのは「外から課される責任」だけだ。だから、朝目覚めると、「今日やらないといけないことは何か？」と考える。オブライジャーは他人の要求や締め切りに応えることを得意とし、課された責任を何としてでも果たそうとする。だから、同僚、家族、友人にいれば最高だ。わたしの場合は母と妹がオブライジャーなので、そのありがたみがよくわかる。

それなのに、オブライジャーは自分で自分に課す期待には応えたがらない。博士論文にとりかかる、交流会に参加する、車を点検に出す、といったことには腰が重い。重視するのは、締め切りや延滞している請求書の支払いなどで、**誰かの期待を裏切ることを何よりも恐れる。**オブライジャー傾向の読者から、わたしのブログにこんな投稿があった。「自分で入れた予定についてては、そのとおりにこなす必要はないと思っています。守ろうと思うのは、自分以外の誰かがかかわる約束だけです。カレンダーに『ジョギング』としか書いていなければ、走ろうと思わないでしょう」。オブライジャーの場合は、**自分自身がやりたいことのためにも外から課される責任が必要になる。**知り合いのオブライジャーは、「読書の時間を自分でつくれないので、読書会のメンバーになりました。そうすれば、本を読んでくることを求められますから」と言っていた。

オブライジャーは、**ともすれば自分を犠牲にして周囲に貢献する。**「なぜ自らを犠牲にして他人のために時間を使うのか？」と問いたくなる彼らの行動は、外からの責任を必要としているからだとすれば説明がつく。

あるオブライジャーは次のように言っていた。「バスケットボールの試合を観戦したいと思いつつ、一度も行ったことがありませんでした。でも、弟と一緒にシーズンチケットを買ってからはよく行くようになりました。行かないと弟の機嫌が悪くなるので」。また、「先日、カメラの講座に申し込みました。自分には課題や締め切りが必要だとわかっていますから。何度か講座を受けるとすごく楽しくて、『これなら講座を受けなくても自分でできる』と思い、途中で退会しました。でも、講座をやめてから何枚写真を撮ったと思います？……1枚ですよ」と悲しげに言う男性もいた。彼は来期の講座を受講する予定だ。

オブライジャーが**良い習慣を維持するためには、「周囲の手本」という役割や責任が必要だ。**オブライジャーの友人は、子どもの前でだけ我慢して野菜を食べるという。また、「ピアノを習っても練習しないとわかっていたから、子どもたちが大きくなるのを待って一緒に習い始めたの。そうすれば、練習しないといけなくなるでしょ。わたしがしなかったら子どもたちもしないから」という人もいる。

誰かのためにならできるとはいえ、外から課される期待が重荷となって燃え尽きてしまうこともある。オブライジャーは、何かを頼まれるとなかなか「ノー」と言えない。それは次の例からよくわかる。「同僚の報告書のチェックなら何をおいてもやるが、自分の報告書を書き上げる時間はなかなか確保できない」。

オブライジャーは、習慣の形成を難しいと感じるかもしれない。習慣は自分の利益のために形成されるものがほとんどだが、彼らは自分を差しおいて他者のために行動しようとするからだ。オブライジャーが習慣を形成する場合は、外から課される責任がカギを握る。

レブル（抵抗する人）

レブルは、期待を課してくる相手に関係なく、あらゆる期待に反発する。彼らの場合、自分で選び、自由に行動することを望む。だから、朝目覚めると、「今日したいことは何か？」

と考える。統制（自分による統制も含む）を嫌い、ルールや期待を無視することを楽しいと感じるのが彼らだ。

レブル傾向の人は、**独自のやり方で自らの目標を達成しようとする。**「当たり前」だと思われているやり方ではやろうとしない。それでも彼らは、目標をやり遂げることができる。レブル傾向の人からこんな話を聞いた。「わたしの修士論文は、望ましいとされていた量より10ページ少なかった。そこでわたしは学部にかけあい、論文の審査員のなかに慣習にとらわれない講師を加えてもらった。おかげで論文は無事に受理され、高い評価を得た」。

レブルは、**自分の心に正直であることと、自分で判断することに高い価値をおく。**「割り当てられたことに取り組むときは、割り当てられたからではなく、自分がそれを完了させたいから取り組む」と彼らは言う。クエスチョナー傾向の人から次のような指摘があった。「レブルがもつ最大の財産は、異議を唱える声だ。それを矯正《きょうせい》したり、排除したり、やめさせたりしてはいけない。彼らのそうした声は、わたしたちを守るためにある」。

とはいえ、レブル傾向の人には何も頼むことができないため、周囲にとっては腹立たしい。「やると言ったじゃないか」「それはルール違反だ」などと言ったところで、彼らは気にしない。それどころか、頼んだことと反対のことをしかねない。

レブルが身近にいる人は、彼らの天邪鬼《あまのじゃく》気質に火がつかないよう警戒する必要がある。レブル傾向の子どもをもつ親は、特に注意が必要だ。ある親は次のように語っている。「レブル傾向の子どもには、情報を与えて本人に決めさせるのがいちばん。子どもひとりで答えが出せる問題を提示して、どうするか本人に決めさせ、それを行動に移させるのです」。

レブル傾向の人は自分でもいうことを聞かせられないため、自分自身に対して苛立つこともあるようだ。その一方で、**反発のエネルギーを建設的に使うことに長《た》けている**。予算内に支出を抑えたいと思っていれば、「くだらないものを売りつけようとするマーケターの思いどおりにはならない」と言い、優秀な学歴を手にしたいと思えば、「いい大学に入れると誰も思っていないなら、入れることを証明してみせる」と言う。

レブルは**「未開拓」という要素に引き寄せられる**傾向にある。また、序列やルールに反抗的なので、自分が責任者となったときのほうが周囲とうまくやっていけることが多い。とはいえ、多くのルールが課される集団に引き寄せられるレブルもいる。わたしのブログに投稿してきた人によると、軍に所属するレブルの数は、想像以上に多いらしい。熱心な宗教家にもレブルは多いようだ。「レブルには、曲げたり歪めたり壊したりできるルールが必要なのだと思う。何でも好きにすればいいと言われたら、一日の終わりに『自分はこれを破ってやった』と思える対象がないので、どうしていいかわからず何もできない」。

当然ながら、レブルは**習慣を受けいれようとしない。**あるレブルの女性にわたしは「毎日毎日、すべてを自分で選んでいると疲れませんか?」と尋ねてみた。

「いいえ」が彼女の返答だった。「自分で選んでいるときに自由を感じますから」。

「自分に制約を課すことで自由が生まれると思いませんか?」とわたしは返した。

彼女は首を振った。「制約がないことが自由です。習慣に人生を支配されるなんて、わたしにとっては死ねと言われるのも同然です」。

習慣を受けいれないレブルだが、**自分で選んだこととして習慣のような行動をとることはある。**「何かを毎日必ずやらないといけないと思うと、絶対にやりません。でも、その日その日に『今日は、これを、やる』と自分で決めて行っていると、結局は毎日やることになります」。

「四つの傾向」において、かなりの割合の人がクエスチョナーかオブライジャーに分類される。レブルは非常に少なく、意外にも、アップホルダーはさらに少ない。

「四つの傾向」と生活

人は、他者について知ることで自分を知る。習慣について調べ始めた当初、わたしは自分のことをかなり平均的な人間だと思っていたので、アップホルダーがごく少数しかいない傾向だと知ってショックを受けた。

そのことを夫のジェイミーに告げると、彼はこう言った。「当たり前じゃないか。僕にはわかってた」。

「ほんと？　どうやってわかったの？」

「18年結婚してればね」

小説家のジーン・リースは、「従うか逆らうかは、生まれつき決まっている」と述べた。人の傾向は決まっている。多少の修正はきくが、根本は変えられない。子どもの傾向を特定するのは難しいが（わたしは未だ娘ふたりの傾向をつかめていない）、大人になるまでに、**ほとんどの人は四つのうちのどれか一つの傾向に落ち着き、基本的なものの見方やふるまい方が形づくられる。**

どの傾向であっても、経験や知識を積み重ねていけば、その傾向のマイナス面を相殺《そうさい》できるようになる。アップホルダー傾向のわたしの場合は、やみくもに期待に応えようとする自分を抑え、「そもそも、自分はなぜこの期待に応えようとするのか？」と考えるようになった。これはクエスチョナーの夫がいるおかげだろう。というよりも、ジェイミーが自分の代わりに疑問をもってくれるのだ。夫婦で観劇に出かけたある日、劇の休憩時間にわたしは「この舞台はあんまり好きになれないわ」と言った。するとジェイミーは「僕も好きじゃない。もう帰ろう」と言った。それを聞いたとき、心のなかでは「えっ、途中で帰っていいの？」と思ったが、ふたりで席を立った。わたしはどうしても、観客に期待されている行動をとるべき（最後まで観るべき）だと思ってしまう。そんなとき、ジェイミーから「そんな必要はない」と一蹴《いっしゅう》されると、「そのとおりだ。最後まで観る必要はない」と思いやすくなる。

夫のジェイミーも、わたしとの結婚生活を通じて、少なくとも家庭ではアップホルダー寄りになってきたように思う。わたしが何か頼みごとをすると、クエスチョナーの彼は、「どうして僕がやらないといけないの？」「それってする必要ある？」「後でやってもいいよね？」というような疑問を口にしがちだが、わたしの頼みごとには必ず理由があるということを理解した。おかげで、長々と議論することなくわたしの期待をどうにか受けいれてくれるようになってきた。

自分の傾向を把握していると、自分に適したやり方で習慣を形成しやすくなる。たとえばエクササイズを定期的に行う習慣を身につけるなら、アップホルダーのわたしはやることリストに「エクササイズ」を含める。クエスチョナーなら、エクササイズをするメリットを並べたてる。オブライジャーは、週に一度パートナーと一緒に自転車に乗る。そしてレブルはというと、わたしの友人がジョギングを始めた経緯を次のように語っている。「昔の体型を取り戻すには、ジョギングがもっとも効率的かつ自立した方法だと思う。お金を払ってスポーツジムの会員にならなくても、自分の好きなときに走れる。外の新鮮な空気を吸うのも気持ちがいいし、自分の知らない音楽を聴くのにも最適だ」。

「四つの傾向」は、誰かの習慣を変えさせたいと思っている人の指針にもなる。部下の生産性を高めたいと思っている上司や、投薬治療を人々に勧めたい医療アドバイザー、誰かの目的を叶えさせたいと思っているコンサルタント、コーチ、トレーナー、セラピストなどの役に立つ。**誰かに何かを習慣として身につけさせたいなら、相手の傾向を考慮したほうが成功する。**

たとえば、クエスチョナーがオブライジャーにそれをしたほうがいい理由を論理的に説明しても、外からの責任ほどに重要だとは受けとめてもらえない。アップホルダーがクエスチョナーにそれをする義務があると諭《さと》したところで、本人が納得しなければその期待に応えるとは限らない。父親がレブル傾向だというわたしの友人は、父親が薬を処方されたときに次のような対処をしたという。「父の担当医は、薬を飲むことの大切さを延々と父に説いて聞かせた。でもわたしは、父にはそれじゃダメだとわかってた。だから、父から『薬を飲んだほうがいいと思うか？』と尋ねられたとき、『別に気にしなくていいんじゃない』って答えたの。そうしたら父は、『何だと。わしに死んでほしいのか！』ですって。それで薬を飲むようになったわ」。

「四つの傾向」と人間関係

自分の傾向の欠点を残念に思う部分はあるかもしれないが、アップホルダー、クエスチョナー、レブル傾向の人は総じて自らの傾向を素直に受けいれている。だがオブライジャーは違う。彼らの場合、自らの傾向を嫌う人が多い。ほかの三つの傾向の場合、自分が感じる苛立ちの大半は、自分以外の誰かへ向かう。つまり、アップホルダーの細かさ、クエスチョナーの何でも問いただす姿勢、レブルの奔放《ほんぽう》さに苛立ちを覚えるのだ。だが、**自分以外の人を満足させたいオブライジャーには、その傾向の欠点が自分自身に返ってくる。**

それが高じると、オブライジャーとしての傾向に反旗を翻《ひるがえ》し、どんな期待も頑なに拒もうとする。それについて、あるオブライジャーは次のように分析する。「ときどき、期待どおりに行動するものだと思われていることが嫌になって、きつく言い返すことがあります。反発することで、自分を主張しようとするのでしょうね」。また、こんな意見もあった。「わたしは、周囲の期待を裏切らないよう懸命に努力しています。でもごくたまに、誰の期待にも一切応えたくなくなります」。そうした反発心は、髪型、服装、車など、誰からもわかる形で表れることもある。このオブライジャーの反発心に焦点を当てると、意外な事実の説明もつく。周囲を観察していると、**レブルが長期的な関係を築く場合、その相手がオブライジャーであることが多い**のだ。アップホルダーやクエスチョナーは、期待に応えようとしないレブルのふるまいに苛立ちを覚えるが、オブライジャーはそんな彼らのふるまいを楽しいと感じる。オブライジャー傾向の夫をもつレブルの女性は、その組み合わせの影響について次のように説明する。「夫のおかげで、わたしは大人の常識のなかでうまくやっているように見えるの。夫は、家賃の小切手を毎月ちゃんと郵送してくれる。わたしなら絶対、毎月決まった日までに送ることなんてできない。夫はわたしと違って、ゴミの日がくればゴミを出し、除雪車が通れるように車を動かし、面倒な毎月の支払いも、期日までにすべて手続きしてくれる。でも、夫婦で大きな決断を下すときは、最終決定を下すのはわたし」。

どの傾向の人にも、自分の意思で行動したいという欲求は必ずある。他人に支配されているという思いが限界を迎えると、反発が起こりかねない。自由や選択の権利を脅かされていると感じると、人は抵抗を覚える。たとえそれが自らやりたいことでも拒んでしまうのだ。娘のイライザがいい例だ。宿題をしているところに、わたしが「なんで最後まで終わらせないの？　全部終わらせちゃえばいいじゃない」と言えば、イライザは「休憩が必要なの。ここでやめる」と答える。反対に、「ずいぶん夢中でやってるわね。ちょっと休憩したら？」と言えば、「終わらせたい」と言う。こうした反発したい衝動に悩まされている人がいるのは容易に想像がつく。医療従事者、親、教師、部下のいる立場の人などだ。熱心に何かを勧めれば勧めるほど、相手の反発心が強くなりかねない。

「四つの傾向」についての講演を終えた後、ひとりの男性がわたしに向かって「どの傾向の人がいちばん幸せなのですか？」と尋ねた。わたしはその場に固まった。そんな当たり前の疑問について、一度も考えたことがなかったのだ。「それと」男性はまたもや疑問をぶつけた。「どの傾向の人がいちばん成功しているのですか？」。

わたしは満足に答えられなかった。これまでずっと、各傾向を理解することに夢中になっていて、四つを比較して考えたことがなかったのだ。とはいえ、しばらく考えた結果、答えは「ケースバイケース」だと思い至った（大抵のことの答えはこれになるが、わたしにはそれがときどき腹立たしい）。傾向の長所と短所の扱い方は人によって違う。**いちばん幸せな人やいちばん成功している人は、自身の傾向の長所を活用する方法とともに、その短所を埋め合わせる術《すべ》を理解している人だ。**

文芸誌『パリス・レビュー』に掲載されたインタビューで、レブル傾向の作家ジョン・ガードナーが「法律を破れば必ず代償を払い、法律に従っても必ず代償を払う」と言っていた。わたしにはこの言葉が忘れられない。**どんな行動も、どんな習慣も、必ず何らかの代償を伴う。**アップホルダー、クエスチョナー、オブライジャー、レブルに関係なく、自身の傾向のせいで生じた代償と向き合わないといけない。わたしは毎朝6時に起きる。もちろん、それにも代償が伴う。たくさんの仕事を片づけられる反面、夜早く寝ないといけない。代償を払わずにすむ人はいない。でも、どんな代償を払うかを選ぶことはできる。

まとめ

◎すべての人は、「自分で課す期待」と「外から課される期待」への反応によって「四つの傾向」に分類される。

◎傾向によって効果的な習慣のつくり方が変わり、他人の傾向を知ることで人間関係やビジネスも円滑になる。

Take Action

■巻末379ページの「四つの傾向」診断テストに答え、自分の傾向を知る。

「成功者の真似だけ」は絶対するな

「二分割という過剰に簡略化した分類を推し進めると、何もかもが人工的で堅苦しくなり、最終的にはバカげたものとなる。一方、ある種の真実を具体化して分類すると、見て比較するという視点が生まれ、真摯《しんし》な調査に向けた出発点が生まれる」

アイザイア・バーリン
『ハリネズミと狐』

自分を知るというのは本当に難しい。望む自分のあり方や、自分が思う自分像に邪魔されて、現実の自分が見えなくなる。

わたしは、実は音楽がそれほど好きではないとなかなか気づかなかった。旅行したいともあまり思わない。動物にも興味がないし、食べものはごく普通のものを好む。どうして長年、こうした基本的な性質に気づかなかったのか？　振り返ってみると、そういうことをあまり考えたことはなかったし（音楽を好きでない人などいない、と当たり前に思い込んでいた）、苦手なことはいつか好きになると何の根拠もなく思っていた。そのうち旅行を好きになり、異国の料理を楽しめるようになると思っていたのだ。

自分はほかの人と大差なく、ほかの人も自分と大差がないとも思っていた。しかしながら、個々の違いはとても重要だ。習慣をつくるうえでも大きく影響する。たとえば、頭がいちばんすっきりしているのは午前中なので、頭を使う作業は午前にやるべきだというアドバイスをよく目にする。わたしもそれを習慣に「するべき」だと一度は考えたが、結局、これまでの習慣――メールのチェックや整理に1時間費やすことから仕事を始める――が自分には合っていると気がついた。わたしの場合、メールを片づけてからでないと、本格的に仕事に取り組むことができない。この習慣を変えようとしても、たぶんうまくいかなかっただろう。

人の性質のなかには、絶対に変わらないものがある。習慣を形成するときは、そうした性質を踏まえるべきだ。「ほかの作家と机を並べて書けば、一日の執筆量が増えるし、どちらが先に本を書き上げられるか競争できる」と思いついたところで、競争が苦手なわたしには意味がない。

習慣をつくるための貴重なエネルギーを無駄にしないためには、自分に合った習慣をつくる必要がある。「四つの傾向」という分類法を見つけたおかげで、人間の本質において重要な部分がわかるようになったが、この分類だけでは明らかにできない部分もたくさんある。そこでわたしは、もっと自分自身を知れるような問いを考えた。読みながら、自分はどの性質に当てはまるか考えてほしい。

ヒバリかフクロウか？

調査によると、朝早くから活発に行動する朝型タイプの「ヒバリ」は、夜型タイプの「フクロウ」とまったく違うという。たいていの人は両者の中間に分類されるが、少数ながら、ヒバリとフクロウは確実に存在する。**ヒバリとフクロウでは、生産性が高まる時間帯やエネルギッシュになる時間帯が異なる。**

わたしはヒバリで、寝るのも起きるのも早い。フクロウはその反対だ。わたしはずっと、フクロウでも早く寝る努力をすればヒバリになれると信じていた。ところが、調査によると、**その性質は生まれつきのものだという。また、遺伝子に加えて年齢も大きく関係する。**幼いときはヒバリになりやすく、青年期ではフクロウになりやすい（フクロウになるピークの平均年齢は、女性が19・5歳、男性が21歳）。そして高齢期になると、またヒバリに戻る。

興味深いことに、**ヒバリはフクロウに比べて幸せを感じやすく、身体も健康で人生に対する満足度が高い**という。この結果は、社会がヒバリのほうに都合がいいということも関係しているだろう。フクロウが眠る時間はヒバリよりも遅い。会社や学校、それに小さな子どもの一日がスタートする時間は朝早いため、フクロウの睡眠時間は短くなり、毎日が大変になる。

習慣を形成しようとするときは、自分が何型かを考慮したほうがいい。なかには、朝型、夜型、中間型のどれに自分が当てはまるか気づいていない人もいる。友人のひとりはこんなことを言っていた。「朝4時に起きて瞑想《めいそう》をしたの。そしたら、スイッチが入ったみたいに生活が一変したわ。いまでは毎晩、9時か9時半には寝て、朝4時に起きる。わたしにはこのリズムが合ってるみたい」。

長距離ランナー、短距離ランナー、先延ばし屋のどれか？

職場での習慣となると、仕事の進め方の違いが大きく影響する。わたしは長距離ランナーだ。ゆっくりと着実に仕事を進めていくタイプで、期限というものを毛嫌いしている。期限があっても、早めに終えてしまうことがほとんどだ。ロースクールでは、卒業までに相当長い論文を2編書き上げないといけなかったが、わたしは1年めの終わりに2編とも書き上げた。

一方、短距離ランナーは、短い時間に一気に集中して作業することを好む。思考を研《と》ぎ澄《す》ますため、敢《あ》えて締め切りギリギリまで待ってとりかかる。短距離ランナータイプの人から、こんな話を聞いたことがある。「スピーチをすると決まっていても、事前に準備したことは一度もない。出席者が席に着くと、わたしは何の用意もないまま壇上へ向かう。スタッフはいつも焦るが、そういう状態になったときにアイデアが浮かぶ」。また、別の短距離ランナータイプの人は次のように言っていた。「わたしは、それだけに没頭できる短期のプロジェクトが好き。仕事がスムーズに進むし、集中力も維持できる。いろいろなことを同時に進めようとすれば、結局は余計に時間がかかる」。

短距離ランナーと長距離ランナーは、自らの仕事の進め方に満足していることが多い。だが、先延ばし屋は違う。先延ばし屋は、一見すると短距離ランナーに似ている。締め切り間際にならないととりかからないという点は同じだが、両者はまったくの別ものだ。短距離ランナーは、締め切りのプレッシャーによって頭が冴えるという理由から、敢えてギリギリに作業することを自ら選んでいる。一方、先延ばし屋は締め切りのプレッシャーが大嫌いで、余裕をもってやっておけばよかったと後悔しながら取り組む。短距離ランナーと違い、終わらせていない仕事があることに後ろめたさを感じるため、楽しいことや有意義なことに時間を使えない。また、やらないといけないことから目をそらしたくて、別のことで自分を忙しくする場合もある。

短距離ランナーは長距離ランナーのことを「遅い」と言い、長距離ランナーは短距離ランナーのことを「無責任」と言うが、仕事の進め方に正解はない。ただし、**先延ばし屋の場合は、着実に仕事をする進め方に変えたほうが幸せになる。**

買い控えタイプか、買いすぎタイプか？

買い控えタイプの人は、買い物に出かけることも、買うことも嫌いだ。一方、買いすぎタイプの人はどちらも大好きだ。わたしは正真正銘《しょうしんしょうめい》の買い控えタイプで、できるだけ買う時期を遅らせようとする。冬のコートや水着などは、必要な時期が終わりかける頃になって慌てて買うことがほとんどだ。また、用途が限定されているもの（ハンドクリーム、レインブーツ、フェイシャルティッシュなど）を買おうとは思わない。何かを買おうと思っても、結局は「また今度にしよう」や「買うほどではない」と思い直す。買い控えタイプは買い物があまり好きでないため、良い習慣を維持するのに役立つ機器やサービスでも買いたくないと思うことが多い。

それとは対照的に、買いすぎタイプは自ら理由を探してものを買う。オフィスの備品やキッチン用品、旅行用品などを見ると、「いつか役に立つ日がくる」と自分に言い聞かせながら大量に買いおきする。習慣を形成しようとするときも、良い習慣の維持に役立ちそうだと思えば、機器やサービスをどんどん買う。

ジョギングを始めると心に決めたとしよう。そうすると、買い控えタイプは「わざわざジョギング用のシューズを買う必要はない。前からあるテニスシューズを履けばいい」と考える。買いすぎタイプは、「ジョギング用のシューズを買わないと。予備にもう一足買ったほうがいいな。それから、歩数計や怪我をしないための本も必要だ」と考える。

自分がどちらのタイプかを知っておくと、良い習慣を身につけるために買うべきか、または買わないべきかの判断がしやすくなる。**買い控えタイプの人は、「良い習慣の維持につながることへの出費は価値がある」**と覚えておいたほうがいい。そして**買いすぎタイプの人は、「ものを買うだけでは良い習慣は身につかない」**と覚えておいてほしい。

「減らしたい派」か「増やしたい派」か

いつでも物足りなさを感じていたい「減らしたい派」と、いつでも満たされていたい「増やしたい派」がいる。減らしたい派は、「(何かが) ない」ということに魅力を覚える。空っぽの状態、何もない床や棚、ごくわずかな選択肢、たっぷりとスペースの空いたクローゼットなどを好む。わたしはこのタイプで、ものを増やすよりも少なくすることのほうに喜びを感じる。うるさい音が聞こえたり、大量のものを目にしたり、一度にたくさんのことが起きたりすると、とたんに嫌気が差す。

増やしたい派は、「たくさんある」ということに魅力を覚える。溢れんばかりの状態、何かが増えること、品数《しなかず》が豊富、棚いっぱいにものが詰まっている状態などを好む。彼らはどんなときでもあり余るものを求める。また、少々賑やかなほうが好きで、収集を楽しみ、幅広い選択肢を好む。

減らしたい派と増やしたい派とでは、成功する環境も異なる。たとえば、減らしたい派の人は、静かで装飾品の少ないオフィスのほうが仕事が捗《はかど》るが、増やしたい派の人は、活気があって目をひくものがたくさん置いてあるオフィスを好む。以前、とあるＩＴ企業を訪れたとき、オフィススペースの装飾コンテストが開催されていて、天井からぶら下がって仕事をするスタッフまでいた。楽しいコンテストだったに違いないが、わたしは正直「ここでは絶対に働けない」と思った。

習慣を変えるとなると、減らしたい派は、ものをなくすことやまとめることを考えがちだ。だから、ケーブルテレビを解約する、ネットショッピングをやめるなど、**倹約につな**

がることを選びやすい。増やしたい派は、ものや選択肢を増やすことを考えがちなので、フリーになる、投資を学ぶなど、**お金を増やすこと**を選びやすい。

終わらせたがりか、始めたがりか？

文字どおりの意味でも、比喩《ひゆ》的な意味でも、終わらせることが好きな人もいれば、始めることが好きな人もいる。終わらせたがりは、取り組んだ作業を終わらせるときの感覚が好きで、シャンプーを最後の1滴まで使い切る。始めたがりは、新しいことを始めるときにワクワクするタイプで、新品の歯みがき粉の封を切るときに喜びを感じる。

わたしは終わらせたがりで、夫のジェイミーは始めたがりだ。キッチンの戸棚にグラノーラを4袋入れておいたら、夫にすべての封を開けられた。終わらせたがりのわたしは、パックに入った卵の最後の1個を使うときに一種の達成感を覚える。また、何かが壊れたり、すっかりくたびれたりしたのを見たときも、終わりを迎えたと感じて奇妙な満足感を覚える。

一方、始めたがりの法学部の教授はこんなことを言っていた。「わたしは絶えず、新たな記事を書き始めたり、講義の案を書いたりしている。だから、最後まで書き上げていない草案が山のようにある。ついでに言うと、冷蔵庫のなかには、封を切ったマスタードの瓶がいくつもある」。

終わらせたがり、始めたがりのどちらなのかを把握しておくと、自分の傾向に適した習慣を形成できる。わたしがブログを定期的に更新する習慣をつけたいと考えたときは、ブログを一つ開設し、週に6日更新した。一日に一度更新したら、それで完了だ。一方、始めたがりの友人は、３００以上のＵＲＬを買い、12のサイトを維持しながら、つねに新しいサイトの開設を検討している。始めたがりの彼にとっては、そのやり方が適しているのだ。わたしが通っているジムは筋力トレーニングに特化していて、わたしはいつもウエイトトレーニングを20分行う。そのジムでは、ウエイトを上げる以外にできることは何もない。わたしはそこが気に入っているのだが、始めたがりの人は、さまざまなエクササイズができるジムのほうを好むかもしれない。

終わらせたがりは自分の「終わらせる」能力に注目するので、新しい習慣をつくることには慎重になりすぎるところがある。それに対して**始めたがりは、新しい習慣をつくることを楽観視しすぎる**ところがある。

保守的か、新しもの好きか？

わたしは間違いなく保守的の部類に入る。気にいった本や映画は、何度も繰り返し楽しむ。食事もほぼ同じものばかり食べている。一度訪れたことのある場所を再訪するのも楽しい。新しいことをするのが楽しいと感じる人とは大違いだ。

保守的な人の場合、習慣が慣れ親しんだものになるほど続けやすくなる。ロースクールに通い始めた当初、わたしは図書館が苦手だった。だから、図書館に行くたびに館内を何回か歩きまわり、その場所に慣れてからでないと勉強できなかった。ブログを始めたときも、投稿の仕組みに慣れなくて不安だった。でも、毎日更新するうちにしだいに慣れて、「難しいこと」から「機械的にできること」へと変わった。

新しもの好きは、習慣らしくない習慣ほど進んで取りいれられるようだ。「毎日同じ顔ぶれでは新鮮味がなくなるので、週に一度は別の支店で仕事をします。ちょっとした変化が生まれますよ」とある男性は言っていた。新しもの好きの人は、我慢して機械的に続けながら習慣を身につけるよりも、**短い期間に集中して行う**ほう（30日間チャレンジなどの）が向いているかもしれない。ブログの読者からも次のようなコメントをもらった。「わたしは、うまくいく前提で新しい習慣の形成を計画することは大好きなのですが、続いた例《ためし》がありません。同じやり方で同じことをするというのを、身体が拒むみたいです。でも、新しいことに挑戦するときは、最高の気分になります」。

上昇派か、回避派か？

心理学者のトーリー・ヒギンズとハイディ・グラント・ハルバーソンは著書のなかで、人は自らの目的を「上昇」か「回避」のどちらかに偏らせてとらえると述べている。

上昇派の人は、達成、成長、獲得といったことに目を向け、より多くの愛情、賞賛、喜びを得ようとする。目標の追求に対して熱心かつ楽観的なのが彼らの特徴だ。それに対し、**回避派の人は、義務を果たす、損失を防ぐといったことに目を向け、危険、痛み、批判を最小限に抑えようとする。**障害や問題が起こらないかと絶えず気を配るのが彼らの特徴だ。

良い習慣と悪い習慣は、鏡に映る姿のように対称的な存在だ。たとえば、「ジャンクフードをやめる」というように悪い習慣をやめれば「食生活を改善する」ことになるし、「睡眠時間を増やす」という良い習慣を身につけたいなら、「遅くまで起きているのをやめる」ことになる。上昇派の人は、「よりよい環境のため」にリサイクル活動に取り組む。一方、回避派の人は、「罰金を課されないため」にリサイクル活動を行う。どちらの主張に共感を覚えるかは人によって違うので、何かを習慣にするときは、自分に合ったとらえ方で習慣を受けとめるとよい。

堅実か、大胆か？

習慣を身につけようとするときは、無理なくできることから始めるとうまくいく。**些細《ささい》なことでも確実に積み重ねていけば、続けていく自信が生まれる。**影響力のある行動について研究するB・J・フォッグは、そうした積み重ねを「極小の習慣」と呼ぶ。スクワットを1回、本を1ページといった小さな一歩から始まって、それらを積み重ねていけば、習慣の定着につながる。ゆっくりと小さな勝利を積み重ねているという事実は励みになる。だから、長く続きやすい。新しい習慣は、変化を小さく抑えることで続けやすくなる。一気に大きく変えようとして燃え尽きる、といった心配もない。それに、小さな一歩を続けていると、それがしだいに生活パターンの一部として定着する。習慣を身につけるための習慣は、身につけたい習慣そのもの以上に価値があるのだ。

たとえば、毎日の支出を計算する習慣を身につけたいとしよう。その場合、毎日の支出を記録する習慣は、どの計算よりも価値がある。最小限の変化を習慣として維持することが、身につけたい習慣を保護し、強化することになるのだ。わたしは1行でもいいから毎日必ず書く。そうやって、毎日の執筆の習慣を守っている。高校時代に走る習慣をつけようと思ったときは、通りの家を3軒通りすぎて戻ることから始めた。それを何度か繰り返したら、次は4軒通りすぎて戻る。そうして続けていくうちに、最終的には数キロ走るようになった。無理なくできる小さな一歩から始めたおかげで、習慣として定着するまで走り続けられたのだ。

とはいえ、大きなことを望むほうが新しい習慣が身につきやすい、という人も間違いなく存在する。そんなわけがないと思うかもしれないが、小さな変化より大きな変化のほうが簡単な場合もあるのだ。変化のスピードがあまりにもゆっくりだと、新たに身につけようとしている習慣への興味を失ったり、苦痛にしか感じなくなったり、結局何も変わらないと投げやりになったりする恐れがある。

一方、**大きな変化が起こると、その習慣を自分のものにしたいというエネルギーや意欲が生まれる。**スティーブ・ジョブズはかつて、「漸進《ぜんしん》的な改善はとても素晴らしいことだし、わたしにもそういう経験はある。でも、心を惹かれるのはいつだって革命的な変化のほうだ。理由はわからないが」と言っていた。わたしもそのとおりだと思う。そういえば、大学時代のルームメイトのモットーも、「一気に全部やる」だった。

さて、自分のタイプは把握できただろうか。こうしたタイプ分けとは別に、たった一つの思いがけない質問で、自分の知られざる一面が露《あら》わになることもある。たとえば、「何かあったとき、周りを責めようとしますか？　それとも自分を責めますか？」といった問いを投げかけられると、違った視点から自分自身を見つめることができる。自分の理解をさらに深めるのに役立つ質問を以下にまとめた。

好きな時間の使い方について

- いちばんやる気がみなぎるのはどの時間帯？　自分がハイになるのはどんなとき？
- つねに忙しい状態とあまり慌ただしくない状態、どちらが好き？
- あまり役に立つとも刺激的とも思えないのに時間をとられていることは何？
- 友人と一緒の時間とひとりの時間、どちらのほうが好き？
- 楽しみにしていることをカレンダーの予定にいれている？
- 退屈せずに何時間でもできることは何？
- 10歳のときに毎日（または毎週）楽しみにしていたことは何？

価値をおくことについて

- 時間、お金、労力。どれを節約できるのがいちばん嬉しい？
- 他人と違うことを気に病むタイプ？　それとも楽しむタイプ？
- 自分にとって重要なことよりも、他人にとって重要なことのほうに多くの時間を使っている？
●好きなことに使えと言われて5万円渡されたら何に使う？
●専門家の意見を聞きたい？　それとも自分で考えて答えを出すほうが好き？
●何かをするときにお金がかかると、熱意は高まる？　それとも冷める？
●子どもが自分と同じ道に進むと嬉しい？

いまの習慣について

●悪癖がつい出てしまうのは、誰かと一緒にいるとき？　それとも自分ひとりのとき？
●魔法の力で習慣を一つだけ変えられるとしたら、どの習慣を変えたい？
●周囲の人に自分の習慣を一つだけ変えられる力があるとしたら、彼らはどの習慣を変えると思う？
●いまの自分にある習慣で、自分の子どもにも身につけてもらいたいもの、身につけてもらいたくないものはどれ？

わたしは、「楽しみにしていることをカレンダーの予定にいれている？」と自分に問うまで、自分の趣味を維持できているのは読書会のおかげだと気づいていなかった。わたしは三つの読書会を開催しているが、うち二つは児童文学が対象で、一つは大人向けの小説が対象だ。この三つの存在が、「身につけたい七習慣」（本書19・20ページ参照）のいくつかを強化してくれていた。まず、本を読む時間が増えた（「リラックス上手になる」）。それから、わたしはお気に入りの本ばかり繰り返し読みがちなのだが、読書会のおかげで読んだことのない本を読む機会が増えた（「先延ばしをせずに多くのことを成し遂げる」）。そして、新しい友人が増え、定期的に彼らと一緒に何かをする機会が増えた（「人（社会、世界）とのつながりを深める」）。

習慣について研究していると、「いちばん身につけるべき習慣はどれ？」と、まるでみんなが行くべき一つの道があるかのように尋ねられることが多い。創造性や生産性を養うのにどれが最適な習慣かということについて白熱した議論はいくつもあるが、作家のメイソン・カリーが161人の作家、作曲家、芸術家、科学者、哲学者らの毎日の習慣を綴《つづ》った『天才たちの日課』を読むと、はっきりしていることが一つある。**優秀な人が身につけている習慣は個々によってまったく違うが、自らに適した習慣を熟知し、それを維持するために多大な努力をしていること**は全員に共通している。

早朝から仕事にとりかかる人（村上春樹）もいれば、夜遅くまで仕事をする人（トム・ストッパード）もいる。静かに単調な日々を送る人（チャールズ・ダーウィン）と、どんちゃん騒ぎの毎日を送る人（トゥールーズ・ロートレック）。永遠に先延ばしにする人（ウィリアム・ジェームズ）、毎日決まった時間に仕事をする人（アンソニー・トロロープ）。静かな環境で作業する人（グスタフ・マーラー）、忙しく何かをしながら作業する人（ジェーン・オースティン）。お酒を大量に飲む人（フリードリヒ・シラー）、コーヒーを大量に飲む人（キルケゴール）。一日に何時間も執筆する人（H・L・メンケン）、一日に30分しか書かない人（ガートルード・スタイン）。このように、習慣は見事にバラバラだ。

自分にとっても、自分以外の誰かにとっても、魔法の方程式というものは存在しない。誰かの習慣を真似したところで、たとえそれがいちばん優れた習慣であったとしても、創造性や生産性は高まらない。創造性や生産性を高めたいなら、自分の性質を知り、自分にとっていちばん効果的な習慣はどれかを知る以外に道はない。

まとめ

◎人間の基本的な性質は生涯変わらないことが多い。自らに質問を課し、性質をよく理解しておこう。

◎万人にとって「良い習慣」は存在しない。自分に合う習慣とそのつくり方を知ることが、成功の秘訣である。

Take Action

■本項を読みながら、自分の性質や考え方を把握する。

身につける

節約もダイエットも思いのままにする方法

まず初めに変えるべき習慣は？

「先延ばし」をやめる強力な武器

「見られている」と人は変わる

Part2

習慣を維持し支える柱となるのは、「測定する」「土台を固める」「予定にいれる」「責任をつくる」という四つの行動だ。どれもよく耳にし、当たり前に行っていることだが、その価値は計《はか》り知れない。これらを最大限に生かすには、先のパートで学んだ自分自身の傾向についても考える必要がある。たとえば、「予定にいれる」はほとんどの人にとって有効だが、レブル（抵抗する人）には向かない。「責任をつくる」もやはりほとんどの人に有効だが、とりわけオブライジャー（義務を果たす人）にとっては不可欠なものだ。

節約もダイエットも思いのままにする方法

「我々の人生は、それに確かな形がある限り、習慣の集合である。行動的、感情的、知的な習慣が、自らの幸福もしくは苦痛のために理路整然《りろせいぜん》とまとまり、自らの運命へといざなう」

ウィリアム・ジェームズ
『心理学について　教師と学生に語る』

「測定」という行為には不思議な力がある。自分の行動をつぶさに追い続けていれば、食生活、運動、仕事、テレビやインターネットの使い方、お金の使い方など、行動のほぼすべてが良い方向に変わる。**自分の行動を測定すると、自分に対する理解が深まり、自分への理解が深まれば、自分をコントロールする力が高まる**のだ。測定という行為は、スピードメーターのようなものだと思えばいい。目につくところに走行スピードが表示されれば、スピードを落とそうという気にもなる。

測定をする場合は、測定すべき行動を厳密に特定することがカギとなる。「毎朝ニュースに目を通す」「毎日クライアントを1社訪問する」といった行動なら簡単に測定できるが、「情報をもっとたくさん手に入れる」や「クライアントとよりよい関係を築く」といったものでは、曖昧《あいまい》すぎて達成したかどうかの判断が難しい。このことについて考えていたとき、わたしは物理学者のウィリアム・トムソンの示唆《しさ》に富む言葉を思いだした。「数字で表せないことは、知識として貧弱かつ不十分である」。自分の人生の一部として数えたいものがあるなら、その数え方を見つけたほうがいい。

そうして見つけたら、**実際に測定する**。これが何よりも重要だ。**推測では、大幅に現実と違っている**ことが多い。意外でもないと思うが、人は自分の食べた量を少なく見積もったり、運動した量を多く見積もったりする。一日に歩く量を見積もらせる調査を行ったところ、被験者は一日に6キロ前後歩いたと答えたが、実際に測定してみると3キロにも満たなかったという。

自分の習慣を正確に測定すると、その習慣に時間やお金、エネルギーを費やす価値があるかどうかの判別がしやすくなる。友人のひとりは実際にテレビを観ている時間を測定し、テレビに時間をとられすぎていないかどうかを確かめた。また、夫婦で6年のあいだに3

00万円近くお酒に使ったと知って、お酒をやめた女性もいる。認知行動療法の創始者として知られるアーロン・ベックは、人は自分のパートナーの「間違い」にはすぐに気づくが、パートナーの「正しい行い」には気づかないと主張し、パートナーの思いやりを感じた行為を記録する「結婚日記」を推奨《すいしょう》している。ある調査では、この日記をつけた夫婦の70％から、関係が改善したとの報告があったという。

わたしは測定について妹のエリザベスに聞きたいことがあった。彼女はI型糖尿病を患《わずら》っていて、膵臓《すいぞう》で十分なインスリンが生成されない。体内にインスリンがないと、血糖値が命の危険にかかわるほど上昇しかねないため、エリザベスは日に数回インスリン注射を打たないといけない。しかも、正しいタイミングで注射を打つためには、血糖値を把握する必要がある。だから彼女はずっと、指先に針を刺して血糖値を測っていたのだが、最近になって、血糖値を継続的に測定できる皮下埋込み型のセンサーを使い始めた。その効果の有無を知りたいと思ったのだ。

「センサーがなかったら、一日10回も血糖値を調べることになるけど、センサーがあればいつでも確認できる」とエリザベスは言った。「血糖がどういう状態で、どう変化しそうかがいつでもわかるの。それに、自分の行動の影響もわかるから、自分で自分に嘘をつくこともできない。たとえば、低脂肪と書いてあるフローズンヨーグルトを食べるとするでしょ。それでセンサーの数値を見ると、低脂肪じゃないとわかることがある」。

「センサーそのものが何かするわけじゃないのに、記録された数値を見るだけで行動が変わるってこと？」

「そのとおり。センサーをつけていなかったときは、血糖値を上げそうなものを食べたら、無意識に測定を数時間遅らせることもあったわ。そのほうが、数値がよくなるから。でも、センサーをつけていたらそうはいかないもの」

ごまかしたいと思っても、ごまかしがきかない。だからこそ、意識的な測定は非常に効果があるのだ。わたしは自分の習慣に測定を取りいれることにした。自分の行動をこれまで以上に把握すれば、習慣を形成するためのエネルギーをしかるべき場所に注げると思ったのだ。わたしには、あまり良くないのに良いと思い込んで行《おこな》っている習慣があるような気がしていた。

実際に測定する——食事・運動

まずは、食生活と運動の測定から始めることにした。わたしはいつも自分の体重のことを気にしているが、これはわたしに限った話ではなく多くの人に共通の悩みだと思う。「身につけたい七習慣」に「健康的な食生活を送る」を含めたのはこのためだ。食生活を改善したほうがいい理由はたくさんある。特に「体重を落とす」は何よりも大きな理由だ。太りすぎは、冠動脈性心疾患《かんどうみゃくせいしんしっかん》、高血圧、心臓発作、糖尿病、癌、睡眠時無呼吸といった疾患を招くリスクを増大させる。影響が及ぶのは肉体だけではない。とある会合で一緒になった女性が、「TEDトークの依頼がきたけれど、いまは太っているからできないと思った」と言っているのが聞こえたときは、本当に悲しくなった。

わたしは社会人になった後もずっと、自分のことを太りすぎだと思っていた。健康に影響が出るほどではなかったが、自意識への影響は大きく、体重のことが気になって仕方がなかった。やっと何とか自分で納得できる数値まで落とすことができ、体重が気にならなくなってからは本当に心が軽くなった。それは未だ昨日のことのように思える。そうして、体重を増やしたくない一心からわたしにはさまざまな習慣が生まれた。何を食べるかを決めるときは、身体にいいものを吟味《ぎんみ》して選ぶようにしているし、運動もかなり頻繁に行っている。とはいえ、できることはまだまだあるし、つらい思いをせずに数キロ落とせるのに越したことはない。

「健康的な食生活を送りたいと思っているなら、**食事日記をつける**のが非常に効果的だ」と言われている。ある研究によると、**週に6日か7日食事日記をつけた被験者は、週に1日以下しかつけなかった被験者の2倍体重が落ちた**という。食べたものを記録するだけのことだが、わたしには覚悟がいった。わたしはこれまでに3回挑戦し、3回とも失敗しているからだ。これとよく似ているが、運動の記録においては歩数計を使っていたこともある。**歩数計をつけることによって運動量が増える**という研究結果がある。わたしも、歩数計をつけるとたくさん歩くようになった。歩くたびに「カウント」されることが嬉しかったからだ。でも、しょっちゅう落とすし、格好悪いので、結局つけなくなってしまった。

食事や運動を記録する方法についていろいろ調べていたとき、UPバンド（リストバンド型の活動量計）の記事が目にとまったので試してみることにした。歩くときと眠るときにこのリストバンドを身につけ、携帯電話につないでデータを同期させるのだ。そうして同期したデータで歩数と睡眠時間を確認するとともに、UPバンドのアプリで食べたものも記録しようと考えた。

いざUPバンドが届くと、わたしはうんざりした。またもや使い方を一から覚え、アップデートと充電が必要な機器が増えてしまったと感じたのだ。

ところがである。リストバンドと携帯電話を一日に2回同期させるなんて面倒くさいと思っていたが、数値の上昇を見るのが楽しくて、2日目になると自分から何度も同期していた。わたしは一日1万歩を目標にした。毎日1万歩歩けば肥満や心臓病の予防になるとよく耳にするが、それよりも2000歩少ない（または多い）場合との違いは特に実証されていない。とはいえ、1万歩がいいと言われているのだから、それに従うことにした。

また、UPバンドのおかげで、ノートを使っていたときよりもずっとこまめに食べたものを記録するようにもなった。自分でも驚いたのだが、バンドをつけ始めたら、食べたものをアプリに記録しないと落ち着かなくなったのだ。「わざわざ電話を取りに行かなくても、いま食べたヨーグルトは後で記録すればいい」と最初は思っていたが、すぐに、何か食べるたびに携帯電話を探すようになった。

食事の記録をつけるうちに、食べた量を把握する難しさをいくつか見つけた。たとえば、「一人前」の計測。人は自分が食べている量に鈍感だ。実際、**「一人前」より20％多くても少なくても、気づかずに食べる**という調査報告もある。料理中のつまみ食い、大皿から取り分けて食べる、誰かとシェアして食べる、一口サイズのものがいくつも並んだ料理を食べる、といった場合も、食べた量を正確に測るのは難しい。

UPバンドをつけ、食事の記録をつけるようになって数週間が過ぎる頃には、新たな習慣が身についていた。それは「おかわりをしない」だ。**事前に皿に取り分けたぶんを1回だけ食べるほうが、それより少ない量を何度かおかわりするよりも14％食べる量が少なくなる**という。わたしは後者で、最初は少なく盛りつけて自分をごまかすが、その後何度かおかわりすることがしょっちゅうだった。でも、アプリに食べたものを記録するためには、食べた量を正確に測る必要があるので、このごまかしをやめざるをえなかった。

測定の一環として、デジタル体重計も購入した。自然な増減でがっかりしないためにも、体重を測るのは週に一度だけでいいという専門家もいるが、最新の調査では、**毎日の計測が体重の減少とその維持につながる**とされている。わたしはこれまで、ジムに行ったときしか体重を測っていなかったが、もっと真面目に測ることにした（余談だが、体重がいちばん重くなるのは日曜日で、いちばん軽くなるのは金曜日の朝だと言われている）。

実際に測定する——睡眠

UPバンドを使い始めた当初は、気分と睡眠の測定機能を無視していた。自分の気分を測ろうとは思えなかったし、睡眠に関しては、わたしは眠ることがとにかく好きなのでわざわざ測る必要はないと考えたのだ。睡眠は健全な心と身体に不可欠なものであり、肉体的な修復や回復を行う貴重な時間である。十分な睡眠がとれていないと、気分、記憶力、免疫機能、痛覚に悪影響が及ぶ。パートナーに対して攻撃的になりやすく、体重の増加を招く恐れもある。さらに、**睡眠不足は優柔不断をも招く**。「先延ばし」について研究するピアーズ・スティールによると、**先延ばしが起こるいちばんの原因は「疲れすぎていること」**だという。前日の睡眠時に1時間ごとに目を覚ました場合、翌日は、メールチェックやネットサーフィンなどで8.4分ダラダラと過ごしたという研究報告もある。「わたしは5時間睡眠に慣れている」と主張し、日中も眠くならないという人は大勢いるが、慢性的な睡眠不足が健康に悪影響であることは調査で明らかになっている。にもかかわらず、睡眠時間が7時間を切る人は多い。

わたしは7時間寝ないと満足しない。その時間を奪おうとするものには断固として立ち向かっていた。だが、そう思えていたのも、UPバンドの睡眠測定機能を使い始めるまでのことだった。残念なことに、睡眠好きを自称していながら、しょっちゅう夜更かししているという事実が明らかになった。わたしは、事実を誤認する典型的な罠にはまっていた。早寝の習慣が身についているとの自負があるせいで、9時45分にベッドに入った日のことはしっかりと覚えているが、11時30分以降まで夜更かしした日はなかったことにしていたのだ。

UPバンドの測定から十分な睡眠がとれていないとわかり、わたしはベッドに入る時間を具体的に定めた。家にいるときは、10時30分までにベッドに入ることを目標とした。いままでは、毎晩10時30分になると「寝る時間だ」と思うようになった。11時になってもまだ起きていれば、「寝る時間から30分遅れているじゃない」と言い聞かせる。ときどき、クタクタに疲れきっているのに頭が冴えて、まだ眠れる状態ではないと錯覚することがよくある。だから、「眠くなったら寝る」のではなく、寝る時間を明確に定めたことが、わたしにはよかったようだ。

実際に測定する――その他

健康にかかわる習慣の測定に加えて、わたしは人生において大切なことに費やす時間も測定したいと考えた。**自分の人生にとって価値があると認めなければ、人はそれを顧みない**。わたしは読書にかけている時間を測ることにした。作家で時間管理術に詳しいローラ・ヴァンダーカムが、「時間の使いみちを測定するのは有効だ」と強調していたので、実際にやってみることにしたのだ。時間を測定するアプリの一覧にざっと目を通し、よさそうなアプリをダウンロードしてみた。でも、使う気になれなかった。ほかのアプリもいくつか試してみたが、わたしには合わなかったようで、習慣にはなりそうになかった。だから、この測定は諦めた。

それから、支出についても測定しようと考えた。**人は、支出額を把握するのがあまり得意ではない**。30人を対象にクレジットカードの請求額を見積もらせる実験を行ったところ、全員が実際より平均して30％近く低く見積もったという。多くの人にとっては、クレジットカードそのものが正確な支出額を測定できない元凶となっている。現金を手渡すとなると支払いを鮮明に実感するのに対し、カードでの支払いにはその実感があまりないので、ついつい使ってしまうのだ。これと同じ原理が働くから、カジノでは紙幣ではなくチップを使用する。また、ボードゲームのお金のように見える海外の通貨で買い物をするときに、つい使いすぎてしまう人が多いのもこのためだ。とはいえ、現金よりクレジットカードのほうが支出を管理しやすいという人もいる。

ブログにこんな投稿があった。「現金を持っていても、いつもあっという間に消えてしまうので、いつ何に使ったかほとんど覚えていません。ですから、１枚のクレジットカードでほぼすべての買い物を済ませています。口座にアクセスすれば、自分が何にいくら使ったかがいつでもわかりますから」。でも結局、わたしは支出の測定もやめた。測定が有益なことはわかっている。測定すれば、夫とわたしのお金の使い方について、貴重な情報が得られるだろう。だが、わたしの財布の紐は固い。買い控えタイプなので、自らを買い物に駆り立てないといけないこともしばしばだからだ。**測定には時間とエネルギーがいる。合わないことやあまり必要のないことを測れば、本当に把握したいことを測るためのエネルギーが奪われるだけだ。**

ほかの人にどんな測定をしているかと尋ねると、「**適度**」というキーワードが浮かび上がった。これは危険な言葉だ。活動や消費の程度を適度という枠に収めると、誤解が生まれかねない。何と比較して適度だというのか？　２００年前にアメリカ人が食べていた砂糖の量は、いまのわたしたちが食べる5分の1にも満たなかった。つまり、現在における砂糖の適量は、歴史的な基準から見れば摂りすぎだと言える。測定には現実の認識が求められる。現実の前では、適度という曖昧なぬるま湯に意味はない。

測定はわたしの習慣に良い影響をもたらしてくれた。習慣を改善するために具体的な行動もいくつか起こしたが、測定するだけで小さな変化が現れていたことに自分でも気がついた。**測定によってデータを得ることで、以前よりも「よくしよう」という気持ちが生まれた**のだ。

それに、測定は楽しくもあった。アップホルダー（約束を守る人）のわたしにとって、自分の進歩や成し遂げたことを目の当たりにできるのは嬉しい。クエスチョナー（疑問をもつ人）も測定という行為に魅力を感じるようだ。彼らは、情報を収集し、それを習慣の形成に役立てることが大好きだからだ。一方、オブライジャー（義務を果たす人）は誰かに監視されていれば別だが、測定を苦手とする。ＵＰバンドを身につけるだけでは、外から課される責任として十分ではないと感じるのかもしれない。だから、測定状況を確認してもらう相手を見つけて、チームとしての活動にすると取り組みやすくなるだろう。レブル（抵抗する人）は、その人が測定したいと思うかどうかによる。

測定でいちばん大変だったのは、**測る対象を自分で選びたくなる衝動を抑える**ことだった。どうしても、自分のいいところだけを記録に残したくなる。その反面、あまり進歩していないと感じているときに測定すると、自分がそれまでに達成したことを思いださせてくれることもあった。**目指すべきは、完璧になることではなく進歩を遂げることだ。**わたしは賞賛や成果が欲しくてたまらない性格なので、ＵＰバンドの記録をさかのぼって１万歩以上歩いたときの数字を見るのが大好きだ。でも、５０００歩だって１０００歩よりはいいということも、ちゃんとわかっている。完璧を目指すあまり何もできなくなっては意味がない。**行動を測定すれば、自分が成し遂げたすべてを覚えていられるようになる。**

ときには、測定を邪魔に感じたこともあった。測定していなければ、もっと深く入り込んでできたこともきっとあったと思う。ＵＰバンドをいじっていると、ベッドの上で伸びをすることの気持ちよさに気づかないこともある。だが、やはり測定をするからこそ、決まった時間にベッドに入れる。夜中までコンピュータの前に張りついていては、ぐっすりと眠れるわけがない。**自分の習慣にしたい行動を測定すれば、自分が実際にとっている行動を正確に把握できるので、何をどう変えればいいかが見えてくる。**

妹のエリザベスは、血糖値を把握することの重要性を理解していたから、できるだけ詳細に測定することを決めた。わたしが測った対象に、彼女のように命にかかわるものがないのは言うまでもないが、原理は同じだ。自分にとって大事なことは、すべて測定してみるべきだ。それにより、自分にとって大事なことで満たされた人生になる。

まとめ

◎習慣を測定すると、行動をコントロールする力が高まる。測定を行う際は、曖昧な量ではなく明確な数値で記録をつけ、ごまかしは行わない。

◎測定には労力と時間を要するので、実際にやってみて「合わない」と感じたことはやめて、測定対象を絞る。

Take Action

■自分の生活のなかで「変えたい」と思っている習慣について、行動を数値化して記録してみる（例：体重を測る、食事記録をつける、映画鑑賞記録をつける）。

まず初めに変えるべき習慣は？

「習慣は、時の流れが人の顔つきを変えていくかのように、人生の顔つきをゆっくりと変えていく。そして自分はそのことに気づかない」

ヴァージニア・ウルフ

『ある作家の日記』より1929年4月13日の記述

良い習慣を身につけようとしているときは、ほかの部分も改善しやすい。たとえば、定期的に運動している人は、健康面や仕事面でも良い行動を見せると言われている。自制は自制を生み、変化は変化を促す。その逆もまたしかりで、望ましくない習慣も群れをなし、互いに足を引っ張り合う。

習慣を改善したいなら、どこから手をつけるべきか？　わたしはよく、「大事なことからとりかかれ」と自分に言い聞かせる。要は、**大きくてわかりやすい問題から取り組む**ということだ。

習慣を改善したいと言いながら、エネルギーを費やしてもその見返りがほとんど期待できないものから手をつけようとする人は案外多い。わたしの知り合いに、慢性的な睡眠不足で運動は一切せず、鍵や財布はつねに行方不明で、会社にしょっちゅう遅刻する男性がいる。大好きなテニスをする時間もなく、いつもガムを噛んでいるその彼が、わたしにこう言った。「僕は変わらないといけない。まずはガムを噛むのをやめるよ」。

彼には言わなかったけれど、それを聞いたわたしは古いジョークを思いだしていた。ある日の深夜、警察官が街灯の下をうろうろしている男性を見かけた。「何をしているのですか？」警察官が男性に尋ねる。「車の鍵を探しているんだよ」そう答えた男は明らかに酔っている。「ここで鍵を失くしたのですか？」「いや、失くしたのは向こうだ」男はそう言って、背後の真っ暗な歩道を指差した。「でもここのほうが明るいだろ」。

習慣を改善しようと心に決めたのに、鍵のある場所を探そうとしない人は多い。彼らはまず、探しやすい場所から探し始める。だが当然、いくら探しても鍵は見つからない。

土台となる四大習慣

では、始めるべき場所はどこなのか？　**始めるなら、自制心の強化にいちばんつながる**

習慣から手をつけるのがいい。なぜなら、それらがほかの良い習慣を形成する際の土台となってくれるからだ。自制心を強化できるような習慣は、肉体的な負担や精神的な疲弊《ひへい》が原因で自分のコントロールがきかなくなる状況を防いでくれる。

自制心の向上につながることは四つあり、自制心を高めることで、あらゆる習慣の土台が強固になると言える。よって、習慣を改善するときは、次の四つから取り組み始めるのがベストだ。

①睡眠
②運動
③食生活
④整理整頓

すべての土台となる習慣は、互いを高めあう。たとえば、運動をすればよく眠れるようになり、よく眠れれば何でも上手にこなせるようになる。だから、どの習慣を変えたい人も、まずはこの四つの改善から取り組むといい。ついでに言うと、不思議なことに、**土台となる習慣には大きな変化を生む力がある。**友人のひとりから、「冷蔵庫を掃除したの。

そうしたら、転職できるんじゃないかって気がしてきた」と言われたときは、彼女の言わんとすることをはっきりと理解できた。こうしてわたしは土台となる習慣の改善に取り組み始めた。

①睡眠

わたしは就寝時間を10時30分と決めているが、なぜかその時間に遅れることが多いと感じていた。そしてとうとう気がついた。疲れているときほどよく眠れると思っていたが、疲れすぎているとかえって眠れないのだ。ベッドに入るという行為には、物理的にも精神的にも多大なエネルギーが必要になる。疲れすぎていて何も考えたくないときは、顔を洗おうとすら思えない。だから、ベッドに入る時間は必然的に遅くなる。

わたしは寝る準備を始める時間を早めることにした。いまでは、10時30分になるずいぶん前に顔を洗い、歯を磨き、コンタクトレンズをはずしてメガネをかけ、パジャマに着替えるようにしている。こうした小さな仕事を片づけておくと、時間どおりにベッドに入りやすくなる。

就寝時間を守ることで生まれる嬉しいおまけも見つけた。就寝時間の30分前は、わたしにとっては危険な時間帯だ。自制心が底をついた状態なので、良い習慣の維持が困難になるのだ。ついついキッチンへ何かをつまみに行ってしまう（慢性的に睡眠時間が短めの人は、空腹や誘惑を前にすると弱い。これもおそらく、睡眠時間が6時間未満の人に肥満が多い理由の一つと言えるだろう）。また、そういう状態のときに、夫とときどきケンカになる。電球を替え忘れた、メールの返信をしなかった、といったことに大げさに反応してしまうのだ。自制心が底をついた状態でいる時間は少ないほうがいい。それには時間どおりにベッドに入るのがいちばんだ。

睡眠についてほかの人から話を聞くと、わたしはいつも釈然としない。疲れていてつらいと言いながらも、「早めにベッドに入る」といったごく普通のことを提案すると、拒絶する人が多いのだ。それはいったいなぜなのか？

考えるうちに答えが見えてきた。そういう反応をする人は、自分自身のための時間をほとんど確保していない。休む間もなくやるべきことに追われながら一日を過ごすので、自由に使える時間は夜しかない。その時間にメールを処理したり、報告書を読んだりして仕事の遅れを取り戻す人もいれば、好きなことをする人もいる。子どもたちが眠りにつき、ゴミを出し、仕事のメールが来なくなってようやく、パートナーと一緒に過ごしたり、自分ひとりの時間を楽しんだり、ぼんやりしたりする時間ができる。

ロースクール時代の友人は、熱くわたしにこう語った。「朝から晩まで法律事務所でこきつかわれているんだぜ。一日の終りに本を読んだりリラックスしているときだけが、自分の時間なんだ」。

「睡眠時間を増やしたら、前向きな気持ちになれるんじゃないかな」とわたしは提案した。

「早く寝るってことは、僕の時間がすべて会社のものになるってことだ」彼は首を振ってこう続けた。「冗談じゃない」と。

人は、自由に使える貴重な時間を守るためなら、睡眠を削ることを厭《いと》わない。睡眠を自分の時間を奪うもののように感じるのだ。人は「奪われる」という感覚をひどく嫌がる。この「唯一の自分の時間という認識」は、良い習慣の大きな妨げとなる。いつも疲れきっていると文句を言いながら、ギリギリまで自由になる時間にしがみついている人は大勢いる。だが、現実的に言って、睡眠は絶対に必要だ。

②運動

身体を動かすことは、すべてにおける万能薬だ。運動をすると、不安が解消され、エネルギーや気分が高まる。また、記憶力が向上し、行動が機敏になり、体重の維持もしやすくなる。運動には、人をエネルギッシュにする効果と人を落ち着かせる効果の両方がある。

なかでも**いちばんのメリットは、自制心の強化だろう。良い習慣がより身につきやすくなる。**また、毎日の生活に間違いなくゆとりが生まれる。娘の学校の授業参観に出向くと、エレベーターの前に行列ができる。3階まで階段で行きたくない人がそれだけ多いのだ。

「運動」というと、わざわざジムへ行って最後にシャワーを浴びることを思い浮かべる人もいるが、**ただ動きまわるだけでも効果はある。**健康状態にいちばん大きな改善が見られるのは、座りっぱなしの生活から座っている時間を少し短くした人だ。実際、一日20分の運動を始めた人から、死亡率がガクンと下がる（アメリカ人の約40％は、まったく運動をしないという調査報告がある）。

しかし、**運動を始めた人の約半数が6カ月以内にやめてしまう。**それはたぶん、運動の選び方に問題があるのではないか。運動を始めようとする人の多くは、理想の体型、流行のエクササイズ、周囲のアドバイスなどを考慮に入れる。それらも確かに役に立つが、**自分の性質やスケジュールに合ったものを選ぶほうがはるかに長続きする。**たとえば、夜型の生活なのに早起きして運動したいと思ったところで、現実にはならない。

自分に適した運動の仕方を見極める要素はたくさんある。運動する習慣を身につけたいなら、次のことを考えてみてほしい。

●朝型か夜型か（ヒバリかフクロウか）
●外に出たいタイプか、天気に左右されたくないタイプか
●競争になるとやる気が出るタイプか
●激しい曲にのって運動したいか、静かな環境がいいか
●責任意識を生む誰か（例：トレーナー、ジョギング仲間など）がいたほうがいいか、自分ひとりの責任でするほうがいいか
●運動に課題があるほうがいいか（例：新しいスキルを習得する、肉体的に自分を追い込む）、よく知っている運動のほうがいいか
●競技や試合を好むタイプか
●運動後にシャワーを浴びないと嫌か

ちなみにわたしの答えは、ヒバリ、どちらも当てはまる、出るタイプではない、静かな環境、自分ひとり、よく知っている運動、好まない、どちらでもよい、となった。それに、わたしは自分を追い込みたくないし、新しいことにも挑戦したくないほうだ。だから、室内で行うヨガのクラスに週に1回参加し、有酸素運動専門のジムに週に1、2回行って、

ステアマスターとフィットネスバイクで合計40分運動することにした。40分なら、つらいと感じない。ただし、週に1回だけ、限界まで追い込む筋力トレーニングクラスに参加している。非常につらいが、このクラスは20分だけなので耐えられる。

もちろん、わたしとはまったく違うタイプの人もたくさんいる。知り合いのひとりはこんなことを言っていた。「自分は競争になるとやる気が出るんだってようやく気づいた。それがわかってからは、友だちと毎週『競争』しているよ。僕はこういう興奮を、ずっとトレーニングに求めていたんだ」。

人は、自分が感じたとおりに行動していると思いがちだが、どう行動するかによって感情が決まることがほとんどだ。だから、エネルギッシュになったつもりで行動すれば、以前よりもエネルギッシュになったと感じる。

わたしは座っている時間を減らそうと思い、週末の散歩を習慣にすると決めた。外へ出ようとするたびに、自分を奮いたたせるのに苦労するが、家に戻ると必ず、出かける前よりエネルギッシュになっている。

③食生活

日常生活において、**食事以上に生活の土台となるものはほとんどない。**それなのに、食事についてコントロールできないと感じている人は多い。そこにはこんなパラドクスが隠れている。脳は、衝動を抑えるために食べものを必要とする。その結果、衝動的な過食を防ぐには食べるのがいちばんだと判断し、食べろと命じるのだ。

　わたしは、お腹がすいたときだけ食べ、お腹がいっぱいになったところで食べるのをやめることを習慣にしようと考えた。簡単だと思うかもしれないが、これが想像以上に難しい。お腹がすいていなくても食べてしまうきっかけとなるものが、実にたくさんあるのだ。人はお腹がすいていなくても、習慣になっているから、周りが食べているから、食べものの見た目や匂いにつられたから、といった理由で食べることがよくある。また、**わたしたちが一回の食事に費やす時間は平均12分だが、身体は20分経たないと満腹感を覚えない。**わたしも実際、「お腹がすいたときだけ食べる」と「おかわりをしない」の二つはいちばんよく破っていた。生活サイクルや食べものの誘惑に打ち勝つのは本当に大変だ。

　お腹がすいていないのに食べることはいまでもときどきあるが、お腹がすくと何か食べずにはいられない。お腹がすいた状態が大嫌いなので、友人から「夜中にお腹がすいて目が覚めるときがいちばん好き」と言われたときは信じられなかった。お腹がすいているときのわたしは怒りん坊になる。すぐにイライラするので、仕事をすることも考えることもできない。

そういう状態になりたくないから、朝食は必ず食べる。朝食を食べる人のほうが痩せているという意見を支持する人は多いが、この意見はあくまでも相関関係の指摘であって、因果関係が立証されているわけではない。この研究報告を調査した人たちは、朝食を食べない習慣が体重の増加に影響することはほとんどないと結論づけている。わたしも朝食に特別な力があるとは思っていないが、朝食は欠かさない。お腹がすいた状態にしないことは、わたしの土台となる習慣の一つなのだ。

食事を抜くのは身体に悪いとよく言われるのは、**お腹がすいた状態でいると、食べる量を抑えづらくなる**からではないかと思う。実際、ダイエット中の女性を対象にした調査では、食事を抜かなかった女性は、ときどき食事を抜いた女性に比べて3.5キロ近く体重が減った。朝食を抜くと、一日中自分に甘くなり、よくない判断を下しやすくなる人も多い。誕生日会に呼ばれた娘を迎えに行き、娘が出てくるのを友人と一緒に待っていると、その友人はカップケーキを一つ手にとってこう言った。「今朝は朝食を食べていないから、これを食べても大丈夫」。

食事に関連して飲みものについても考慮しよう。アルコールは土台となる習慣にさまざまな形で影響を及ぼす。自分を抑える力が下がるので（だからこそ飲酒は楽しいのだが）、食べすぎたり飲みすぎたりしやすくなるのはもちろん、眠りは浅くなり、運動をする気も失せ、自分を律《りっ》しようとする努力が台無しになる。わたしの場合、お酒を飲むと、好戦的になって不用意な発言が増え、眠くなる。だからあまり飲まなくなった。

水を飲む量が少ないのではないかと心配する人もいるようだ。ドラッグストアのレジの列に並んでいたとき、女性客のこんな会話が聞こえた。「水をたくさん飲むのって本当に大変。大きな水のボトルを毎日1本買って、必ず飲み干すようにしているのよ」。

水を飲むことには健康上さまざまなメリットがあると言われているが、実際にはそれほどではない。空腹と喉の渇きを混同しやすいとよく言われるが、実際に混同する確率は低い。脱水状態になれば、喉が渇いて我慢できなくなる。また、よく言われているように、一日にグラス8杯ぶんの水を飲む必要もない。喉の渇きを感じず、少々黄色い尿が適量出ていれば、水は十分摂取できていると思えばいいだろう。

④整理整頓

身のまわりが整理整頓されているかどうかが、心に与える影響は驚くほど大きい。クローゼットに上着が押し込められていようと、箱からものが溢れていようと、大したことではないように思えるが、**自分を取り巻く環境が整っていると、自分の思いどおりに行動できているという実感が強くなる。**

身のまわりの整理整頓は、「**壊れた窓**」と同じ役割を果たすとも言える。「壊れた窓」は、犯罪を防止する理論として、1980年代に社会学者らによって発表された。「窓ガラスの破壊、落書き、無賃乗車、公共の場での飲酒といった無秩序と軽犯罪が蔓延《まんえん》するコミュニティでは、重大な犯罪に手を染めやすくなる」というものだ。コミュニティレベルの話として事実かどうかはともかく、個人のレベルの話としては事実だ。**きれいに整理整頓された環境にいると、自制心が養われ、良い習慣が身につきやすくなる**人は多い。

ロースクールに通っていた頃、たまたま友人が暮らすシェアハウスを2軒続けて訪ねる機会があった。わたしはいまでも、そのキッチンの違いに衝撃を受けたことをはっきりと覚えている。最初に訪ねたシェアハウスのキッチンは、きれいに整理されていた。友人は戸棚からクラッカーの箱、冷蔵庫からチーズを取りだしてわたしにふるまうと、またきちんと封をして元の場所に戻した。次にもうひとりの友人のシェアハウスを訪ねると、「何でも適当につまんで」と言われた。キッチンカウンターの上には、封を切ったプレッツェル、ポテトチップス、一口サイズのチョコチップクッキーなどの袋が散乱していた。キッチンテーブルで友人と話をしていると、同居人たちがキッチンにやってきては、散乱している袋から何かをつまんでいった。そのときわたしは、「この家で暮らしていたら、一日にクッキーを一箱食べかねない。しかも、そのことにきっと気づかない」と思った。進んでジャンクフードを食べたいとは誰も思っていなかったはずだ。でも、そういう習慣のなかで暮らしていれば、ジャンクフードの誘惑は抗《あらが》いがたいものになる。

散らかっているものを片づける、以前から気になっていることに取り組む、見えているところを拭く、動かなくなったものや使わなくなったものを処分する、といったことをすると、本当に気分がいい。そういう気分になると、自制心が必要なことにも取り組みやすくなり、大変なことも習慣として続けやすくなる。それに、**小さな達成感を得ることで、自分にはやり遂げる力があるという自信もつく。**その力を信じる気持ちが強くなるほど、**重要な習慣を続ける力が自分にあると信じられるようになる。**もちろん、雑然とした雰囲気のほうが何ごとも捗るという人もいる。そういう人にとっては、身のまわりが整理整頓されても、生産性や創造性が高まったり、心の平穏が得られたりするどころか、息苦しく感じるだけかもしれない。

何が「壊れた窓」に相当するかは人によって違う。とはいえ、「起きたままのベッド」が「壊れた窓」なので、ベッドを整える習慣を身につけたいと思っている人は多い。『ニューヨーク・タイムズ』紙の記者で作家のチャールズ・デュヒッグも著書『習慣の力』のなかで、「ベッドを整える習慣は、充足感や高い生産性と相関関係にある」と述べている。

ほかにも共通する「壊れた窓」としては、車が汚れている、洗濯ものやゴミがたまっている、パスポートや携帯電話の充電器など大事なものが見つからない、新聞や雑誌が山積みになっている、パジャマやジャージで一日中過ごす、ヒゲを剃っていない、シャワーを浴びていない、といったことが挙げられる。

わたしは自分にとっての「壊れた窓」をいくつか修理することに決めた。まずは、寝室で脱いだ服をそのまま何日も放っておく悪癖からだ。わたしは急いでいると、「脱いだ服を積んでいたってかまわない」とつい自分に言い訳をしてしまう。でも、整理整頓された状態のほうが心が穏やかになるし、自制心も働く。身のまわりを散らかったままにしていると、自分で自分が嫌になる。そうして毎晩服を片づけるようにしたところ、わたしは気がついた。毎晩片づけていれば、片づける服の数が少なくてすむ。つまり、**毎日続けるほうが、まとめて行うよりもラクだった**のだ。

それから、仕事の習慣についても見直した。それまでは、机を散らかしたまま仕事場をあとにしていたが、いまでは最後の10分を、書類の整理、メールの内容の確認、書類の記入、筆記具の片づけ、翌日のスケジュール確認、別の部屋へ持っていくべきもののとりまとめなどにあてている。このおかげで、翌朝に仕事場へ足を踏みいれるのがずっとラクになった。散乱した書類やコーヒーカップの片づけから始めないといけないという気持ちが、それほどまでにやる気をくじかせていたとは思ってもみなかった。

四大習慣と重要度

ここまで紹介した四つの土台は、わたしの習慣に大きな変化をもたらしてくれた。だが、ほかの人にとってもそうなるだろうか？

わたしは友人のマーシャルに頼んで整理整頓の習慣を取りいれてもらった。彼は新聞のコラムニストで、素晴らしい想像力の持ち主だが、あるときわたしにこう言った。「僕は誰かから与えられた仕事を終わらせるのは得意だけど、自分でやろうと思っていることは先延ばしにしてしまう」。

「やろうと思っていることって、何？」とわたしは尋ねた。

「脚本も書きたいし、小説のためのアイデアも詰めたい。弟と一緒に何かやろうという話も出ているんだ」（マーシャルは間違いなくオブライジャーだ）。

わたしは彼のマンションを訪ねたことがあり、かなり散らかっていることも知っていた。だから、整理整頓によって習慣の土台が強固になり、ひいては仕事が捗るようになるのではないかと思ったのだ。わたしは彼に次のように説明した。「土台になる習慣が身につけば、良い習慣がより身につきやすくなるとわたしは考えているの。だから、部屋をきれいにすれば、執筆が捗るんじゃないかしら」。

「やってみるよ」。そう言った彼の言葉に、あまり熱意は感じられなかった。

そうしてわたしは、グリニッジビレッジにあるマーシャルの家を訪ねた。彼が暮らすのは、ニューヨークの典型的な1LDKタイプのマンションだ。片づけを進めながら、わたしはマーシャルが関心をもてばいいと思いながら、片づけの教訓を語った。

「実際には何の意味も価値もないものを、つい集めたくなるけど、集めるとなると、整理して保管しないといけない。買い物袋もそう。わたしもとっておきたくなるけど、50も買い物袋があっても使わないでしょ？」

すると、マーシャルは黄ばんだ新聞の山をわたしに手渡した。「この山を戸棚に入れてもらえる？」わたしは戸棚のなかを見た。「なんで保存しているの？」。

「僕が書いたコラムが載っているんだよ」彼は新聞の山を見やる。「誰か雇ってコラムだけ切り抜いてもらうといいかな。そうすれば、1冊のファイルにまとめられるし。いや、スキャンすればいいのか。スキャンしてネットに上げればいい」。

「自分のウェブサイトがあるの？」

「いや、でも開設したほうがいいかもしれないな」

マーシャルの言葉にわたしは沈黙した。彼は「ハードルを上げている」のではないかと思ったからだ。**新しい習慣を身につけようとすると、人は自ら「ハードルを上げる」ことがある。**熱意なのか、無意識にある自己破壊の衝動なのかわからないが、**身につけるのが**

極めて困難な習慣に自らつくり変えるのだ。

たとえば、運動を始めると心に決めたとしよう。だが一日20分歩くのではなく、有酸素運動、ウエイトトレーニング、バランス感覚を鍛えるエクササイズを週に4日、しかも1時間やることにするのは、ハードルが高すぎてとても習慣にはできない。マーシャルも自らハードルを上げている可能性があった。古い新聞を戸棚にしまっておくことから、コラムを切り抜いてスキャンし、まだ存在すらしないウェブサイトに掲載するための人を雇おうと言いだしたのだから。とはいえ、コラムは彼の生業《なりわい》だ。いずれにせよ、新聞の山が目につくところからなくなったのは事実だから、とりあえずはよしとしよう。

片づけ始めて数時間後、マーシャルは呆然とした顔つきに変わった。一方のわたしは、片づけが進むにつれてやる気が高まっていくのを感じていた。わたしは笑いがこみ上げた。

「どうしたの？」彼が不思議そうに言った。

「後になれば、片づけてよかったと感じると思うわ。でも、いまはつらいだろうなって。わたし、片づけになると容赦しないから大変だったでしょ」

「いや、いらないものが片づいてよかったよ」マーシャルは部屋が見違えたことを喜んだが、たぶん、わたしのほうがその成果に興奮していたと思う。当の本人は、部屋が散らかっていても片づいていてもあまり気にならないようだった。気にならないのだから、部屋がきれいになっても執筆は進まないかもしれない。**やはり四つの土台のどれも重要とはいえ、改善するときは、自分の価値観に即したものを選ぶ必要があるようだ。**

自分に効果があると、ほかの人にも効果があると思いがちだ。しかし、習慣はそういうわけにはいかない。調べ始めた当初から、個々の違いは大事だとわかっていたが、その重要性は想像以上だった。

良い習慣を養うにはエネルギーがいるが、「測定」同様そのエネルギーは不足しがちだ。だから、いちばん自分のためになる習慣の形成にそのエネルギーを使ったほうがいい。大事なことからとりかかろう。そのためにはまず、**自分にとって何がいちばん大事かを決める必要がある。**

まとめ

◎良い習慣をつくるために、まずは土台となる四つの習慣を整えるとよい。その習慣とは「睡眠」「運動」「食生活」「整理整頓」である。

◎四つの習慣は自制心を高めるためにどれも重要だが、人によってその重要度は異なる。

Take Action

■土台の習慣を変えてみて、もっとも心境に変化が現れる習慣を記録する（例：睡眠時間を7時間にしたら、朝早めに出社できるようになった。アルコールをやめたら、ジムに通いたいと思えるようになった）。

「先延ばし」をやめる強力な武器

「わたしは書く習慣が大切だとずっと信じている。（中略）天賦《てんぷ》の才の持ち主ならば必要はないかもしれないが、そこまでの才能の持ち主はほとんどいない。凡人の能力は、物理的および知的な習慣によってつねに支えていないと、枯渇し消え去る程度のものにすぎない。（中略）もちろん、何を習慣とするかは、自分にできることに即して決めないといけない。わたしはエネルギーがもたないので、毎日2時間しか書かない。ただし、その2時間は何ものにも邪魔をさせない。決まった時間、決まった場所で、毎日必ず書く」

フラナリー・オコナー

『存在することの習慣―フラナリー・オコナー書簡集』より1957年9月22日付けの手紙

何かを行うときは、**日時を具体的に定めて予定にいれるとよい。行動を予定にいれると、**

それを習慣化しやすくなる（レブルは例外だが）。**習慣が強力かつ素早く定着しやすいのは、予定どおり繰り返し行ったときだ。**人は、予定にいれると、そのとおりに行動しようとする。大学やロースクールに通っていたときに、「授業に行くべきか」「今夜これを読む必要があるか」などと考えたことはほとんどない。授業がある日は当たり前に出席し、講義要項に含まれている本も当たり前に読んだ。

朝の予定を決めている友人もいる。彼女は4時30分に起きて20分瞑想し、懐中電灯を持って40分散歩に出かけ、ふたりの息子と一緒に朝食を食べ、シャワーを浴び、身支度を整える。そして電車に乗って7時30分に職場に着く。ほかの人が同じことをやろうとしても、難しいと感じるかもしれない。だが彼女にとってはそうではない。それらはすべて、彼女のなかではやると決まっていることなのだ。

何かを予定にいれるとなると、**その日にできることの限界と向き合うことにもなる。**何か一つ予定をいれれば、その時間にほかのことはできなくなる。これはいいことでもある。**なかなか「ノー」と言えない人にとっては特にありがたいだろう。**わたしは娘のイライザと、水曜日の午後は「冒険」に出かける（「冒険」といっても大したことはなく、大抵は博物館に落ち着く）。イライザが難しい年頃にさしかかったこともあり、毎週必ず彼女と一緒に楽しい時間を過ごしたい。だから、「冒険」を予定にいれたのだ。その日に誰かから頼みごとをされても、自動的に「その日は先約があるので」と答える。予定にいれると、自動的にその行動をとるようになり、いずれ習慣となる。

予定を立てることが好きな人は多いが、アップホルダー（約束を守る人）の場合は、先が見通せる状態や、やることリストの項目がどんどん消えていくことに特に魅力を感じる。クエスチョナー（疑問をもつ人）がカレンダーに予定をいれるのは、納得のいく理由があるときだ。オブライジャー（義務を果たす人）の場合は、カレンダーに表示される予定を見るだけで責任意識が生まれることもある。その反面、何をするかを自分で決めたいレブル（抵抗する人）の場合、カレンダーに予定表示されるだけで著しくやる気を失うだろう。

新しい予定をいれてみる

わたしは、これまでずっと習慣にしたいと思っていたことを、予定にいれると決めた。何をするかというと、瞑想だ。わたしはずっと瞑想に抵抗を感じていた。正直言って、何がいいのかわからなかった。でも、1カ月のあいだに3人から瞑想のよさを聞かされ、わたしは興味を惹かれた。これまで読んだどんな本や記事よりも、彼らから聞いた体験談が心に響いた。

やったほうがいいかもしれない、とわたしは思った。幸福の研究で知られるダニエル・ギルバート教授は、やろうと思っていることで自分が幸福を感じるかどうかを確かめたいなら、それを体験中の人にどう感じるか尋ねるのも一つの手だと述べている。人は、自分と他人との違いを大げさにとらえようとするところがあるが、一般に、**誰かが満足したことは別の誰かも満足する確率が高い**、というのが彼の主張だ。

そして、知り合いから言われた次の一言によって、わたしはとうとう瞑想をすると決心した。「瞑想をやってみて続かない人がいるのは知ってる。でも、瞑想が時間の無駄だったと思っている人はひとりも知らない」。

瞑想の入門書には週に3日、20分の瞑想から始めるとよいと書かれていたが、20分は長すぎるように思えたので、毎日5分の瞑想を習慣にしようと考えた。

新しい習慣を予定にいれる場合は、「朝食後」というように**既存の習慣と組み合わせるか、**「アラームを鳴らす」など**きっかけとなる何かの力を借りるとよい。**そのように思いだすきっかけがないと、すぐに忘れてしまうからだ。わたしも、「午前6時15分から瞑想する」と決めたりせずに、「朝起きて着替えたら瞑想する」ことにした。

ところが、初日の朝は思いがけず疲れていた。「瞑想は元気なときまで延期したほうがいいかも。今日やるのは大変。こんなに眠いのだし」と悪魔の囁《ささや》きが聞こえた。だが、そんな囁きを鵜呑《うの》みにするほどナイーブではない。**何かを行うとき、それに「ふさわしいタイミング」で始めたいという欲求は、延期を正当化するための言い訳にすぎない。どんなことでも、始めるなら「いま」以上にふさわしいタイミングはない。**

だから、着替えを終えるとすぐに携帯電話のアラームを5分後にセットし、ソファーの上からクッションを手にとって床に置いた。

わたしはあぐらをかいて手のひらを上にして中央に置いた。右手を左手の上に乗せて包み込むような形にし、親指の先を自然に合わせると、数分かけて身体をよじりながら姿勢を整えた。背筋をピンと伸ばし、肩を下げ、顎《あご》をひき、意識して心を落ち着かせる。それから呼吸に意識を集中させ、なめらかで深い呼吸を心がけた。

10秒ほど経つと、心がさまよい始めた。わたしは呼吸に意識を集中させた。だが、呼吸について考え始めたとたん、ウディ・アレンの映画のワンシーンが思い浮かんだ。そのシーンから、古代ギリシャの詩人が残した詩の断片が浮かび、そこから哲学者アイザイア・バーリンの著作が浮かび、さらにはトルストイに対して抱いている複雑な感情まで浮かんだ。そしてまた、自分の呼吸へと意識が戻った。ところが、呼吸に意識を向けてからわずか数秒で、「呼吸について考えたらウディ・アレンの映画のシーンに邪魔されたことを忘れずに書かないといけない」などと考えていた。

わたしは、「考えている事実」について考えている自分を客観視しようとした。けれどもその試みは、しだいによくわからないものになっていった。

呼吸をする。

どのくらい時間が経ったのかと思う。

呼吸をする。

これを20分なんてとんでもない。10分も無理だ。

そしてまた呼吸……。

呼吸を邪魔する思考が生まれても、できるだけ苛立ったり、私見を交えたりしないで観察しようと努めた。どんな思考も、頭のなかをただよっているだけだった。そしてようやく、終了の時間を告げるアラームの音が聞こえた！

瞑想を数日続けるうちに、わたしはいくつかのことに気がついた。まず、呼吸に意識を集中させようとしたとたん、呼吸の流れがとどこおって不自然になる。それまでは、呼吸は当たり前にできるものだと思い込んでいた。また、身体がふらついてクッションから落ちることも多かった。作家のソローが「衣服の新調を要求する仕事には気をつけろ」と言っていることもあり、わたしは新しい何かを必要とするものを警戒していた。とはいえ、毎日瞑想することを思うと、座りやすいクッションは新調する価値があるように思えた（買い控えタイプのこのわたしにすらそう思えた)。ネットで調べると、瞑想のためのさまざまなグッズがあることに驚いた。まさにわたしが必要としているもののようだったので、そのまま「いますぐ買う」をクリックした。

上手な予定のいれ方とは?

習慣として定着させたいことを予定にいれるときは、**その行為をいつ、どのくらいの頻度で行うかを決める必要がある。**一般に、習慣を形成したいなら、習慣として固定させることをいちばんに考えるとよいと言われている。要するに、**意識しなくてもいつでも同じように行動する習慣をつけろ**ということだ。わたしは毎朝、目覚めたら自分でも気づかないうちに歯を磨いている。車に乗れば、自然とシートベルトを締める。そしていままでは、朝起きて着替えがすんだら、瞑想することが当たり前になった。

しかし、**すべての習慣が固定化されているわけではない。**固定化されていない習慣のほうは、さまざまな決断や闘いが必要になる。わたしには、毎週月曜日にジムに通う習慣と、毎日執筆する習慣がある。ただし、ジムに何時に行くかは毎回自分で決めないといけないし、何時からどこで執筆するかも毎日自分で決めないといけない。良い習慣はできるだけ固定化させたいとは思っている。とはいえ、人生は複雑だ。何も考えずに自動的に行えないことがたくさんある。

とある研究では「21日続ければ、その行動が習慣になる」と言われている。だが、ユニバーシティ・カレッジ・ロンドンの研究者が毎日の習慣として定着するまでにかかる時間を調査したところ、水を飲む、スクワットをするといった習慣が確立するのに平均で66日かかることが明らかになった。とはいえ、平均値はあまり参考にならないのも事実だ。誰もが実感として知っているように、習慣の身につきやすさには個人差があるし（習慣を受けいれたがるアップホルダーと、習慣に抵抗を覚えるレブルでは大きな違いがある）、習慣のなかにも確立しやすいものとそうでないものとがある。**悪い習慣は簡単に身につきやすい**が、身につくと人生が大変になる。その反面、**良い習慣は身につきにくい**が、身につくと人生がラクになる。

21日では習慣として確立しないかもしれないが、**毎日その行動を予定にいれれば、さまざまな恩恵にあずかれる。**毎日やるというところがポイントで、おもしろいことに、ふたりの奇才が毎日繰り返すことの偉大さについて書き残している。ひとりはアンディ・ウォーホルで、「一度きりか、毎日のどちらかだ。一度しかやらないことは刺激的だし、毎日やることも刺激的だ。でも、二度やったり、たまにやらない日があったりすると、つまらなくなる」と言った。もうひとりはガートルード・スタインで、彼もよく似たことを述べている。「毎日することが重要で、立派なのだ」。

意外に思う人もいるかもしれないが、**たまにやるよりも毎日やるほうが実際ラクだと感じる**のだ。仕事をする頻度が増えるほど、創造力が発揮でき、生産性が上がる。それに、仕事も楽しくなる。だから、わたしは1日も欠かさずに執筆する。週末も、長期の休みも、どこかへ旅行に出かけても、必ず書く。週に6日ブログを更新するのも、そのほうがラクだからだ。週に4日しか更新しないとなると、ブログを書く日についていろいろと思い悩むことになる。週の始まりは日曜日にすべきか、月曜日にすべきか。ブログの更新を免除できるほどのことをしたか。前日の投稿は「1回」に数えていいものか……、という具合だ。でも、週に6日更新していれば、こうしたことで悩まずにすむ。

自分にとって大事だと思う習慣は、できるだけ午前中に予定をいれたほうがいい。午前は比較的、予定どおりにものごとが進みやすい。時間が経つにつれ、予定どおりにいかないことが現実に起きたり、頭のなかで混乱が生じたりする。それもあって、わたしは新たに習慣にしたいことはすべて午前のスケジュールに組み込んだ。また、**午前は自制心がいちばん働く時間帯**でもある。ある企業では、午前9時30分までに社員食堂で食べる昼食のメニューを提出させることで、社員に健全な食生活を推進しているという。一度提出したら、メニューの変更は許されない。自制心は、時間が経つにつれて弱くなっていく。軽率な性行為、度をすぎたギャンブル、飲酒、衝動的な犯罪が夜に多いのは当然と言えば当然だろう。

だからといって、フクロウ型の人が早朝の時間を有効に活用しようとしても無理だ。子どもや仕事のために起きている、いまの時間が早起きの限界だ。**フクロウ型の人は、夜に新たな習慣を組み込むほうが賢明だ**と言える。また、せっかくヒバリ型なのに、早朝の時間の使いみちの可能性に気づいていない人もいる。先日、わたしは友人のマイケルに次のようなメールを送った。

送信者：グレッチェン

前に「子どもの頃は、早起きがしたくて早朝のミサでの補佐役を買って出ていたくらいだから、本当は朝型なんだ」って言ってたでしょ。でも、いまは8時30分に起きてる。そこで提案なんだけど、起きる時間を早めて、朝の時間を有意義に使ったらどうかな。ジムに行く、読書をする、本を執筆する、犬と公園を散歩するとか、好きなことに時間を使うの。朝型人間なら、きっと楽しいと思う。よかったら試してみて！

しばらくすると、マイケルから次のような返信が届いた。

送信者：マイケル

アドバイスに従って、9日くらい前から早起きを始めました。早起きして好きなことをするっていうのは新鮮だね。近頃は、好きな本をずっと読んでるよ（散歩に出かけたり、朝食をつくったりもしているけど）。これまでにも早起きに挑戦したことは何度もあったけど、基本的にはすべて「仕事」のためだった。結局は、早起きする理由がすべてなんだね。これまでは、早く目が覚めても、仕事をする気分じゃなくてベッドに戻ることが多かった。でもいまは、この習慣が合ってるみたいで勝手に身体が起きてしまうこともよくある。

瞑想を始めてからずっと真面目に続けていたが、ある朝の出張先でのことだ。わたしは暗く静かなホテルの一室で目が覚めた。時刻は時差の関係で午前4時20分。そのときわたしはこう思った。「旅先なんだし、瞑想しなくてもいいんじゃないか」。

でもその後すぐに、何とバカげた言い訳だと思い直した。ひとりきりの状態で、たった5分しか必要としないというのに、「出張」を言い訳にこれまで続けていた習慣をやめようと思ってしまった。「起きたらすぐに瞑想する。どんな言い訳も許しちゃダメ。瞑想する習慣は絶対になくさない」とわたしは自分に言い聞かせた。

毎回、どんな決断も必要とせずに同じことを繰り返す――これこそが、本当に身につけたい習慣を身につける秘訣だ。実際、**習慣を確立するための習慣は、確立したい習慣そのものよりも重要だ**とわたしは実感している。どんな朝も、実際に瞑想する行為より、「瞑想しようとする」ことのほうが、わたしにとっては重要だった。

その一方で、わたしが身につけたい習慣のなかには、毎日でなくてもいいものもあった。日課にすると決めた習慣には、妹にメールをすること、それから、美しいものや興味を惹かれたものの写真を撮ることも含まれていた。妹のエリザベスとは、一緒に過ごす時間はおろか、電話で話す時間すらなかなかとれない。写真については、収める価値のあるものを探し求めることになるので、それを通じて感性が磨かれればいいと考えたのだ。

これらはしばらく続けたのち、絶対に毎日やらないといけないことはでないと考えを改めた。どちらの行為も、ほぼ毎日続ける程度で十分に習慣として定着したし、目的を達成できたからだ。

こんなことにも「予定」は役立つ

人によっては、楽しみなことにも腰が重くなる場合もある。ブログの読者からこんな投稿があった。「わたしのいちばんの楽しみは、ピアノを弾きながら曲をつくること。でも、ほかにすることがなくなるまで、ピアノの前に座らない日がほとんどです」。

楽しみに時間を使うのは有意義なことだ。少なくとも、自分に楽しみを与えるほうが、自分により多くのことを課しやすくなる。先延ばしを研究するニール・フィオーレによると、**遊びを予定にいれる人は、仕事を終えてからしか心おきなく遊べない人に比べて、やりたくない仕事に取り組もうとする傾向が高い**という。ならば、楽しいことも予定に組み込んでしまえばいい。名著『ずっとやりたかったことを、やりなさい。』のなかでも、著者のジュリア・キャメロンは「アーティストになる時間」を予定に組むことを提案している。要するに、週に数時間ほど「創造的な心と頭を育む時間」を設けて、美術館を訪れる、古物商をのぞく、行ったことのない地域を散策する、散歩に出かけることなどにあてるのだ。

わたしは、この一環として「手をとめる時間」を毎日設けることにした。その時間になると、メールのチェック、SNSの閲覧や書き込み、執筆活動をすべてやめる。コンピュータや携帯電話から身体を離して、「いまは手をとめる時間だからサボっていい」と思うのは気分がいい。とはいえ、一日の活動はその日によって違うので、手をとめる時間を具体的に決めはしなかった。日によって時間帯が変わる、流動的な習慣だ。

それから、先延ばしにしている雑事を片づける時間を設けたいとも考えた。どれも急ぎではないが、頭の片隅にそういうものがあるせいで、エネルギーが奪われるのだ。そこで、週に1時間をそうした用事にあてることにした。人は、**短い時間で成し遂げられることを過剰に見積もる傾向がある。**その反面、**コツコツと長い時間続けて成し遂げることを過小評価する。**友人の男性作家は、週にたった4時間の執筆時間で高い評価を得る小説を書いた。彼は、毎週土曜日の半日を互いに自由に使うと妻と取り決めていて、その時間を使って数年かけて書き上げたのだ。小説家のアンソニー・トロロープも次のように述べている。「日々の小さな作業も本当に毎日行えば、断続的でしかないヘラクレスの冒険にも勝る」

雑事をこなすため、わたしはまず**「終わらせたいことリスト」をつくった。**これは本当に楽しかった。やることリストに項目を加えていくことには、奇妙な満足感がある。このリストには、カンファレンスで話す内容を考える、飛行機のチケットを買うなど、期日があるものは一切含めていない。期日があることは、アップホルダーであるわたしの場合、リストに含めなくてもやるとわかっているからだ。また、支払いやメールの返信といった、繰り返し発生する雑事には使わないとも決めた。この1時間は、先延ばしにしていたけれど一度やったら終わることだけに使う。**「いつでもできること」は、「いつまでたってもやらない」ものだ。**そうして完成したリストは次のようになった。

●壊れたデスクチェアを新しいものと交換する
●家族旅行で撮った写真をアルバムにまとめる
●買い替えたシュレッダーをセットして、たまっている書類をシュレッダーにかける
●買い物でたまったポイントを使い切る
●不要になったバッテリーや電子機器をまとめてリサイクルに出す

この時間で最初に取り組んだのは、長らく放っておいたシュレッダー問題だ。初めて買ったシュレッダーがすぐに壊れてしまい、新たに買い替えたのだが、そのまま何カ月も放っておいたら、いつのまにかシュレッダーにかける書類が山になっていた。この、どうでもいいようなシュレッダー問題は、わたしの頭のなかで日に日に大きくなっていった。だから、「この時間を使えばいい!」と気づいたとき、わたしはニヤリとした。シュレッダーの前に座り込み、壁のコンセントを確保して電源を差し込むと、見事に作動した。なかなかいい調子だ。

「イライザ、シュレッダーやりたくない?」わたしは振り返りながら叫んだ。

「やる!」イライザが駆け込んできた。「シュレッダー大好き!」。

予定にいれることで、**活動に費やす時間を制限することもできる。**つねにスケジュールがぎっしりの友人は、特定の業務を制限するというやり方で日常業務を管理している。「来客、打ち合わせ、ランチの予定は、火、水、木だけにいれるようアシスタントに伝えてある。月曜日はその週の仕事の準備をしないといけないし、金曜日は週のまとめをしないといけないから」。また、大学時代の友人は、好きな人ができると、夜の15分間だけその人のことを考えるようにしていた。ファストフードを食べるのは週に2回と決めている友人もいた。そうすれば、週に5回食べることにならない。

わたしは以前、歌手、俳優、作家とさまざまな顔をもつジョニー・キャッシュのやることとリストの写真を新聞で見たことがある。新聞に掲載された写真では、用紙のいちばん上に「今日やること！」と書かれていて、その下に次のような文言が並んでいた。

●タバコを吸わない
●ジューンにキスをする
●ジューン以外にはキスしない
●咳をする

- おしっこをする
- 食べる
- 食べすぎない
- 心配する
- 母に会いに行く
- ピアノを練習する

ジョニー・キャッシュは「心配する」ことまで予定にいれていた。**心配する時間を予定にいれるというのはおかしな感じもするが、それによって心配が軽減される**ことは間違いない。絶えず心配するのではなく、決まった時間になるまで心配をおあずけにできて、時間がきたら心配をやめればいいのだから。

いますぐ行動するために

予定にいれると、**「先延ばし」にするリスクが減る。**人は「明日があるから大丈夫」だと思いがちだ。明日は必ず、効率よく真面目に取り組めると信じ込む。ある調査によると、1週間ぶんの食材の買い物リストには健康的な食品が多く含まれたが、いま食べるもののリストになると、身体にいいとは言えない食品を多く含める人が増えたという。

あるとき、わたしは妹のエリザベスとともに、カンザスシティに暮らす両親の元を互いの家族を連れて訪れた。そこで予定にいれることが先延ばしの防止にどう役立つかということについて考えていると、この実験の候補者が浮かんだ。エリザベスの夫であるアダムだ。

アダムもまた、妹と同じくテレビ作家だ。そして多くの作家同様、先延ばしグセにときどき悩まされている。先延ばしにする人は、やるべきことがあるとわかっていても、それにとりかかることができない。ところが皮肉なことに、その**やるべきことが頭から離れないせいで、それを忘れるための何かを自ら見つけるハメになる。といっても、楽しいことには時間を使えない。本来やるべきことがあると自覚しているからだ。**だから、時間を決めて仕事することを習慣にすれば、先延ばしの防止に役立つかもしれない。成果が目に見えることに従事すれば、先延ばしグセが発動する不安から解放される。

「ねえ、アダム。提案したい習慣があるんだけどいい？」とわたしは切り出した。「もちろん、やる、やらないはあなたに任せるから」。

「いいよ」アダムの声は乗り気だった。

わたしは決まった時間に仕事の予定をいれることについての簡単な説明をした。

「仕事をする時間を決めておくと、プレッシャーが軽減される。毎日書けば、どの日の仕事も重要度は同じになるから。それに、仕事をする時間だと決めておけば、**その時間だけ仕事をすればいいから、それ以外の時間はオフになる**わ。時間を決めていなかったら、一日中仕事の心配ばかりして、リラックスできない」

「ああ、わかるよ」アダムは言った。

わたしは彼に、平日の午前11時から午後1時のあいだを書く時間にあててはどうかと提案した。その時間は、執筆だけに専念する。メールのチェック、電話、リサーチ、机まわりの掃除などは一切やってはいけない。ジャックと遊んでもいけない。ジャックは、電車が大好きな3歳のかわいいわたしの甥《おい》だ。書くこと以外に許されるのは、窓の外をぼんやり眺めることだけだ。

「それからもう一つ」とわたしは続けた。「**仕事と名のつくほかのことは、先延ばしのいちばんの元凶になりかねない**。11時から1時のあいだは、書くための時間だからね。書く以外の仕事は一切やっちゃダメ」。

わたしが自宅の仕事部屋にいるときは、ブログのコメント欄に返信する、フェイスブックを見る、メールに返信するといったことを行う。でも、執筆（もっとも頭を使う作業）をしたいときは、図書館かコーヒーショップへ行く。そこへ行ったら、ネットには一切接続しないと決めている。この習慣のおかげで、メールやネットを見たり、家事に気をとられたりせず、書くことだけに専念できるのだ。図書館に行ったら、「ここに2時間いる」と心に決めて、その約束を守る。そうすれば、時間がくるまで書くことになる。

大学教授の友人からこんな話を聞いた。「ある大学の教授から生産性の高い研究者になる秘訣を教えると言われたことがあってね。彼は、リサーチと執筆にあてたい日は、午後4時まで電話に出ないしメールも見ないと決めているそうだ。そうすれば、4時までのあいだに、リサーチと執筆に1、2時間はとれる。その習慣を始めてからは、4時までは同僚からの邪魔も入らなくなったから、ますます仕事が捗るらしい」。

アダムと話してからしばらく時間をあけて、習慣の効果はどうかと尋ねるメールを送ってみた。すると、次のような返事がきた。

送信者：アダム

時間を決めて仕事をするのは、僕に合っているよ。今週はミーティングがたくさんあったけど、いつもの時間とミーティングがかぶれば、その後に執筆の時間を設けるようにしている。以前は、執筆にとりかかろうとするだけで一日かかり、結局何も書かない日がよくあった。いまは、誰かと約束しているみたいにきちんと書いている。決めた時間のあいだは、自然と書くことに集中できるようになったと思う。習慣として確立したのか、決めたことを守ろうとする意思のおかげなのか、その両方なのかはまだわからないけどね。

スケジュールを決める目的は、**自分が価値をおくことのための時間を継続的に確保できるようになる習慣を確立することにある。**習慣を通じて、仕事、遊び、運動、友人との時間、所用、勉強など、大事なことすべての時間を永遠に確保するのだ。仕事のためにほかのことをすべて犠牲にしないといけないのでは、仕事に対する喜びが減り、生活の質は下がり、絶えず「追われている」感覚になる。たとえば、人間関係を犠牲にして本を書き、それが出版されたとしても、売れなかったらどうなる? その代償はあまりにも大きい。仮に売れたとしても、その代償はやはり大きすぎると言えるだろう。

習慣を形成するうえで、予定にいれるという行為は不可欠だ。**予定にいれることで、決断の手間が省ける。限られた自制心を最大限に活用できる。先延ばしを防ぐことができる。**それに何より、予定にいれてしまえば、**自分にとっていちばん大切なことに時間を使えるようになる。**毎日の時間をどのように使うかで、自分の生き方が決まるのだ。

まとめ

◎日時や頻度、やることを具体的に決めて予定にいれると、習慣として定着しやすい。

◎予定にいれることで、時間の使いみちの効率化や先延ばし対策にもなる。

Take Action

■始めたい習慣をなるべく具体的にスケジュールに書き込み、しばらくのあいだその予定を必ず実行してみる。

「見られている」と人は変わる

「気の合う仲間を教えてくれれば、あなたがどういう人間か教えてやろう。あなたの時間の使いみちを知っていれば、あなたがどんな人間になりそうかもわたしにはわかる」

ゲーテ
『格言と熟考』

予定にいれることの効果を存分に発揮させるためには、「**責任意識**」を活用しないといけないことが多い。いくら予定にいれたところで、**実際にそのとおりに行動しなければ意味がない**からだ。

責任意識は、習慣の形成を促す強力な武器の一つだ。**人の行動は、誰かに見られていると思うと変わる**。たとえば、締め切りがあると、仕事をする習慣を維持しやすくなる。延滞料がかかると、期日までに請求額を支払おうと思う。成績に響くと思うと、勉強する気が起こる。学校で出欠をとられると思うと、子どもを遅刻させないようにしようと思う。**自分にはそうする責任があるという意識が生まれると、人は自制心に従って行動するようになる。**

この傾向は非常に顕著に現れる。オフィスの飲みものの料金を任意で支払うかどうかを試した実験では、飲みものの価格表に「人間の目のイラスト」が描かれているときのほうが、「花のイラスト」のときよりもきちんと支払う人が多かった。ボストンでは、駅の自転車置場に警察官の等身大パネルを設置したところ、自転車の盗難が67％減少した。また、ただ鏡があるだけでも、文字どおり自分自身を見つめることになるので、いじめをしなくなる、自分の意見を積極的に発言する、これまで以上に熱心に仕事に取り組む、誘惑に負けなくなるなどの効果がある。

反対に、**責任意識がないと、人の行動は悪いほうに変わる。**ホテルや旅先など、自分のことを知っている人がいない環境になると、健全な習慣や道徳的な規範を破りやすくなる。また、偽名や仮名を使うと、不正を行っても気にならなくなる。サングラスをかけるだけでも、行動基準を下げてもいいという気持ちになりやすい。

だからこそ、**責任意識をつくる仕組みに投資することに価値がある。**ジムのトレーナー、ファイナンシャルプランナー、ライフコーチ、エグゼクティブコーチ、秘書、栄養士などを雇ういちばんのメリットは、専門知識に加えて**責任を提供してくれる**ことだ。とりわけオブライイジャー（義務を果たす人）にとっては、こうした外から課される責任が欠かせない。

責任意識の効果的なつくり方

公《おおやけ》に宣言すると、責任意識が生まれる。作家のアーヴィング・ウォーレスは自伝で次のように説明している。「フリーとして独立した作家になると、雇用主がいなくなり、決められた勤務時間や締め切りもなくなるので、実際に執筆作業を行うためにはちょっとしたゲームをしないといけない。わたしの場合は、周りに宣言するというゲームだ。次の本を書くとようやく決意した、もう書く準備はできていると公に発表する。そうすれば、わたしのプライドにかけて書かないといけなくなる」。

わたしのブログにはこんな投稿があった。「何かをやろうと思ったら、周囲に必ず宣言します。やると言ったのにやらないと、人はあれこれ言いますからね。それを思うとやる気が出ます。やろうと思い立ったときのモチベーションより、そちらのほうが強いくらいです」。これに賛同する意見が別の読者から届いた。「自分の目標を周りに伝えると、何としてもやり遂げなければと思います。ですから、自分が公にする言葉には細心の注意を払います。周りに言ってしまうと、逃げ道がなくなった気がするので」。

妹のエリザベスは、周囲に宣言することでジャンクフードを食べないようにした。ジャンクフードは誰の身体にもよくないが、糖尿病を患う彼女の身体には特によくない。新しい職場に変わったとき、エリザベスは同僚の前で「健全な食生活を送る」と宣言した。彼女にとって、それは特別難しい挑戦だった。テレビの放送作家が在籍する職場では、キッチンに手軽につまめる食べものを常備することが習わしとなっている。マフィン、クッキー、キャンディー、ポテトチップスをはじめ、作家がリクエストしたものが大量に置かれる。それらがすべて無料ときているので、ますます魅力的だ。

周囲に宣言したことが食生活の改善に役立ったと思うか彼女に尋ねてみた。「ええ」と彼女は言った。「わたしにとっては、宣言することが大事。自分から『カップケーキは食べない』と言わないと、そのとおりに行動できないから」。

「それって、宣言すると、ジャンクフードを食べているところを同僚に見られると恥ずかしいと思うから？　それとも、宣言したほうが現実になりやすいから？」

「決めたことを守らない自分にがっかりしたくないという気持ちはある。それに、もしわたしがカップケーキを食べれば、社内全体で噂になると思う。そういうものを食べないっていうのは社内中に知れわたっているから」

「つまり、宣言したから守りやすくなるってこと？」

「そう。それに、誰もそういうものを勧めてこなくなったし」

「それって嫌じゃない？　欲しいかどうかすら聞かれないなんて」

「とんでもない！　おかげでかえって頑張ろうと思えるのよ。職場には、めったにお目にかかれないお菓子が集まってくる。この前も、ロスでいちばんのベーカリーから豪華なカップケーキが送られてきたわ。カップケーキを初めて食べなかった日は、本当に泣きそうだった。でも、いまはほとんど気にならない」


エリザベスは周囲に宣言して目標を達成するタイプだ。一方、**宣言するとかえって実行できなくなるという人もいる。**自分ひとりで目標を達成するタイプの人から、ブログにこんな投稿があった。「自分の目標は誰にも言いません。言えば現実になりませんから」。また、次のような意見もあった。「自分がやろうと思っていることを誰かに話すたびに、それをする気がなくなっていくんです！　黙って目標に向けて行動したときのほうが、実際に達成できることが多いです」。

ここでもやはり、自分自身について知り、自分の性質を考慮することがカギとなる。**周囲に宣言して目標を達成するタイプ、自分ひとりで達成するタイプのどちらなのかを把握するのだ。**わたしと同じアップホルダー（約束を守る人）は、周囲に宣言してもしなくても、あまり違いはない。それよりも、自分のなかで責任意識を生む仕組みをつくったほうが効果的だ。たとえば、わたしは自分の立てた誓いを守るために、「チェック表」をつくっている。また、ＵＰバンドで活動を記録するのもこれと同じだ。たとえその記録を見るのが自分だけでも、記録することで責任意識が生まれる。

責任意識を共有するパートナーをつくってもいい。これは特にオブライジャーにおすすめだ。パートナーにもいろいろある。語学教室の授業を欠席したら罰金を徴収する講師、一緒に通い始めたジムに行かなかったら怒ってくれる友人、無遅刻無欠席が大事だと繰り返すインストラクター、毎日メールで様子を尋ねるコーチ……。こういうパートナーがいれば、良い習慣を維持しやすい。ダイエットプログラムに参加した人を対象にした調査では、進捗状況を報告しあうパートナーとともに参加した人のほうが、ひとりで参加した人よりも落とした体重をうまくキープできたという。

アダム・ギルバートが創設したマイ・ボディ・チューターは、他者﹅か﹅ら﹅の﹅責﹅任﹅を与える﹅ダイエットプログラムだ。加入すると、「チューター」と呼ばれる担当者から毎日連絡がきて、体調の変化や運動習慣の管理を手伝ってもらえる。「ひとりでダイエットしたがる人は多い」と彼は語る。「でも、何のために？　そういう人には、『人生のさまざまな面でいろいろな人に助けてもらっているでしょ。ダイエットも助けてもらえばいいじゃないですか』と言うんだ」。

責任を与えてくれるパートナーは、人間でなくてもかまわない。実家に住んでいた頃のわたしは、家で飼っていたシュナウザー犬のパディワックへの責任を感じていた。高校生のときに、ジョギングの習慣を身につけたくて、いつもパディワックと一緒に走っていた。わたしがランニングシューズを履くと、パディは飛び跳ねて喜んだ。そんな姿を見ると、ジョギングを休むわけにはいかないと感じ、おかげで習慣としてしっかりと定着した。ペットの健康商品をつくる会社の発表ではあるが、犬を飼っている人とジムに通っている人とでは、前者のほうが運動量が多く、運動で得る喜びも大きいという。また、年配の人の場合、誰かと一緒のときより犬と一緒のときのほうがたくさん歩くことになるようだ。

想像上でしかない責任でも、習慣の定着を助けてくれることがある。わたしはインフォーム・フィットネスというジムに熱心に通っていて、そこで提唱されている「スーパースロー」トレーニング手法の信奉者《しんぽうしゃ》だ。わたしの勧めでこのジムに通い始めた人は多い。あるとき、ジムのトレーナーからこんなことを言われた。

「あなたに紹介されて通っている人のなかには、きちんと来ているかあなたに見られていると思っている人もたくさんいるみたいですよ」

「本当？　どうしてかしら？　わたしはみんなが何をしているか知らないのに」

「ジムに来たかどうかが伝わると思っているんでしょう」

わたしはレッグプレスマシーンに耐えながら、その言葉について考えた。「それって、ジムに定期的に通う助けになっていると思います？」。

「なっていると思いますよ」

いつのまにか、わたしは彼らに責任を提供するパートナーになっていたのだ。とはいえ、このパートナーというのは厄介だ。習慣を破ったことに罪悪感があるから会うのが怖い、と人から思われるのは避けたい。それに、信頼できるパートナーとなるためには、多大な労力がいる。その役割は、**それほど親しい間柄ではない人のほうが適している。**それぞれがそれぞれに責任を担う相手、もしくは、お金を払って責任を提供してもらえる相手が望ましい。アダム・ギルバートはこれを「素人にするかプロにするか」の違いと呼び、**パートナーにするなら絶対にプロだ**と主張する。「友人など素人の意見には真剣に耳を傾けようとしない」と彼は言う。「だから、プロをパートナーにしたほうがいい」。

「プロにはお金が発生するから、そのほうがいいってこと？」とわたしは尋ねた。

「お金を払うほうが、重視するのは確かだろうね。でも、お金だけの問題だとは思わない。友だちだと、厳しい現実は口にしない。だから玄人が必要なんだよ」

ときには、責任を与えてくれるパートナーになってほしいと誰かに期待することがある。だが、その期待に応える義務はその人にはない。作家でオブライジャー傾向の友人は、担当編集者に責任を与えてほしいと頼んだ。

「この自叙伝を執筆する契約書にサインしたとき、担当編集者に『わたしは何か提出する期限のようなものがないと書けないタチで、本当の締め切り間際になってこの本に取り組むことは避けたいんです。どうか、途中で何度か仮の締め切りを設けてください』と言ったの。でも編集者は、『心配いりません。素晴らしい作品になります。ちゃんと締め切りまでに書き上げられますよ』といったことしか言わなくて。その後もずっと、寛容で理解ある態度を崩さなかったわ」

「それでどうなったの？」

「締め切り直前の3週間で一気に書いた。もっと早くから取り組めていたらどんなによかったか」

編集者は配慮の仕方を間違えて、責任を提供することを拒んでしまった。もし、この作家がオブライジャー傾向だとわかっていれば、違う対処ができたはずだ。

一対一のパートナーもいいが、**責任を提供してくれるグループに属するのも効果的だ。**同じ志をもつ人どうしが集まれば、責任だけでなくエネルギーやアイデアも与えあうことになる。わたしの友人の何人かは、テーマを決めて執筆するグループに数年ほど所属していた。その間は、定期的にバーに集まって進捗を報告しあい、互いに責任を与えあっていたという。「グループに対する責任意識のおかげで執筆が進んだ」と友人のひとりは言う。「それに、本当に楽しかった」。

習慣の形成をサポートするグループをつくったら素晴らしいと思う。それぞれが確立したい習慣に対して、互いに責任を与えあうのだ。この場合、グループのメンバーは、友人、家族、同僚でもいいし、習慣を確立したいと思っている人が集まってつくってもかまわない。いまの自分の習慣を変えたいという思いさえ同じなら、身につけたい習慣は違ってもまったく問題ない。顔を合わせて責任を与えあうのに越したことはないが、それが難しい場合はメールなどのテクノロジーの助けを借りればいい。責任意識の度合いは多少薄れるが、利便性はこちらのほうが高い。

また、**「専念するための仕掛け」**を使うという手もある。**それをするしかない状況に追い込む仕掛けをつくる**のだ。途中で気が変わることは許されない。もし気が変わってそれをやらなければ、重大なペナルティが待ち受ける。たとえば、子どもが何かを買うまで貯金すると心に決めたなら、安い陶器の貯金箱がその仕掛けとなる。大人の場合は、クリスマス前にお金を引きだしたら手数料が加算される口座がその仕掛けに相当すると言えるだろう。偉大な作家として知られるヴィクトル・ユーゴーは、召使いに服を隠させるというとんでもない仕掛けを活用していた。書斎に裸でひとり残され、ペンと紙しかなければ、執筆するほかない。

お金を払ってでもそうした仕掛けが欲しいと思っている人は多い。某有名スナック菓子を頻繁に買う人の半数は、食べる量を制限する工夫が包装に施《ほどこ》されるためなら、15%高くなっても買うと答えている。費用が仕掛けとして有効に働く例はほかにもある。わたしと同じジムに通っている友人は、エクササイズを続ける意志をよりいっそう固めるために、通常売っている最大24回の回数券ではなく、期間限定で販売された50回分の回数券を購入した。

もっと大胆に、「爆弾」を仕掛ける方法もある。とある友人は、「爆弾」を用意して60日間の禁酒に挑んだ。何が爆弾かというと、彼が毛嫌いする政策を唱える団体宛の封筒に小切手を入れてアシスタントに渡し、禁酒期間中に酒を飲んだらただちに封筒をポストに投函するよう伝えたのだ。

「それでうまくいったの?」とわたしは尋ねた。

「大成功さ。禁酒を破ったときのリスクを高くしたうえに、飲酒と自分の信条を重ねたんだから。あんな憎たらしい団体に小切手を送るなんて冗談じゃない。本当に効果があったよ」。彼の話はさらに続いた。「実は、僕の母も同じように禁酒したんだ。ただし、母の場合は、禁酒期間中に酒を飲んだらゲーム機を買うと孫に約束した。母は、ゲーム機はお金の無駄でしかないと思っているからね」。

「それで禁酒は成功したの？」

「ああ。甥っ子が『おばあちゃん、いいからワイン飲みなよ。飲めばいいんだって！』と懇願《こんがん》する声には笑ったよ」

この種の仕掛けは、60日間の禁酒や長いレポートの完成など、**期間が決まっている目標の達成に適している**ように思う。永遠に変わることを目的とした習慣の変更には、あまり適さないだろう。とはいえ、賢く活用すれば、長期的な取り組みに勢いをつけることはできるかもしれない。

責任意識と「四つの傾向」

責任意識は、「四つの傾向」のどれに当てはまる人にとっても、習慣の形成に役立つ（レブル傾向の人でも、特定の状況下では役に立つ）。とりわけ、オブライジャーは期待に応えるために外からの責任を必要とする。よって、彼らが習慣を形成しようとするときは、監視、締め切り、自分の行動によって生じる周囲への影響が助けとなるのはもちろん、コーチ、トレーナー、健康管理アドバイザー、ファイナンシャルプランナー、秘書、友人、自分の子どもといった責任を与えてくれる人を巻き込むことも大きな助けとなる。オブライジャーには、周囲の良い手本になることを義務だと感じている人が多いからだ。

自分の傾向を基準にして世間を見ていると、ほかの傾向の人とは見え方がまったく違うということをつい忘れてしまう。それは、責任意識の重要度の違いも同じだ。とあるカンファレンスで自分がプレゼンする順番を待っているとき、コンピュータサイエンスの教授と話が弾《はず》んだ。30秒話しただけで、彼もわたしと同じアップホルダーだと確信した。

「卒業を控えた学生の生産性を上げるために何ができるか、ずっと考えているんです」と彼はわたしに言った。「卒論について相談する機会を週に一度設けているのですが、いつもほとんど進展がありません。みんなの時間を無駄にしているようなものです。だから、週に一度のミーティングを廃止して、進展があったときだけ相談を受ける形にしようかと思っています」。

「いいえ、それは絶対にダメ！」わたしは思わずそう叫ぶと、気持ちを落ち着かせて柔らかい言い方に変えた。「生産性が上がるとは思えません」。そして「四つの傾向」の分類を簡単に説明したうえで、次のように提案した。「ミーティングの廃止は、わたしたちアップホルダーにとっては魅力的です。アップホルダー傾向の人は、監視をあまり必要としませんし、締め切りに追われることもありません。ですが、アップホルダーはごく少数しかいません。卒論に苦戦している学生の多くはオブライジャーです。彼らは責任を必要とします。それを減らすなんてとんでもないことです。また、オブライジャーと同じくらいの数を占めるクエスチョナーの学生は、週に一度のミーティングがなくなれば、『なぜ卒論をいまやらないといけないのか？　来週でいいのでは？　論文の締め切りはまだずっと先なのだから』と考えるようになるかもしれません。レブルについては心配無用です。彼らの場合は、自分でやると決めた時間に、独自のやり方で作業しますから」

「なるほど。では、どうすればいいと思います？」

「毎週確実な進展を期待していると彼らに伝えるのです。**進展の指標となることをいくつか設定し、それを守らせるのがいい**と思います。責任意識が高まり、生産性が上がるはずです」

「実は、締め切りについても困っているのです」と教授が新たに言いだした。「内容は優れているのに提出が遅れるせいで、評価を下げざるをえない学生がいます」。

「それはまた別の話になりますね。締め切りを守れないのは、単純に先延ばしグセのせいかもしれません。提出日は望ましい日であって、厳密な締め切りではないと思い込むのは、学生のときはよくあることですからね。あるいは、自己破壊の一種かも。そういう学生は、最高の仕上がりで評価されることを避けて、わざとギリギリになってから作業します。それで高い評価が得られれば、『急ごしらえの論文でも高い評価が得られるほど自分は優秀だ』、評価が低ければ『たった2日で書いたのだから当然だ』と自分に言えるので」

わたしのプレゼンの番がきたので、教授に挨拶をしてその場を立ち去ろうとしたが、わたしはどうしてももう一言つけ加えずにはいられなかった。「覚えておいてくださいね。あなたやわたしのようなアップホルダーは、自分で自分に責任を課すので、外からの責任は必要ありませんが、ほかの傾向の人にはそういうわけにはいきませんよ」。わたしは教授に向かってこの事実を伝えるとともに、自分自身にも言い聞かせていた。

まとめ

◎自分や他人に対し責任をつくると自制心が高まり、良い行動をとるようになる（特にオブライジャーに効果がある）。

◎「公言する」、「見張ってくれる相手をつくる」、「同じ志を持つ団体に所属する」、「ペナルティを仕掛ける」などから、もっとも自分に合った方法を見つける。

Take Action

■身につけたい習慣を、やらざるをえない状況に追い込む（例：ＳＮＳで禁煙宣言をする、習い事の料金を一括払いに変える、寝坊するたびに家族に５００円払う）。

変わる

「リスト化」すれば9割はできたも同然

「とりあえず」の罠〜適当に始めた習慣ほどやめられなくなる

愛煙家が一晩で禁煙できた真相

Part3

何を習慣とするにせよ、習慣をつくるためには「始まり」が肝心だ。そのときに、形成の強力な武器となる「目新しさ」と「習慣」が結びつくからだ。新しいことを始めるときの目新しさには、過去の習慣を一掃《いっそう》する力がある。目新しさがなかったら、新しい習慣はかすんでしまう。少しの努力で、望む行動を習慣にする可能性を開くことができる。このパートでは、新たな習慣の始まりを「最初の一歩」、新たな習慣を始めるのにふさわしいタイミングを「白紙の状態」、意外なきっかけで習慣が変わることを「雷に打たれる」として、それぞれについて探っていく。

「リスト化」すれば9割はできたも同然

「人を救うのは前に踏みだす一歩だ。そこからまたもう一歩進む。つねに同じ一歩だが、その一歩を踏みだし続けなければならない」

アントワーヌ・ド・サン=テグジュペリ

『人間の土地』

わたしは習慣について研究するうちに、始めるタイミングがとても重要だと考えるようになっていった。**特に大切なのは「最初の一歩」だ。**これについては古くからの格言でもよく唱えられている。「始め半分」「思い立ったが吉日」「千里の道も一歩から」……。いつまでたっても動きださないプロジェクトほど、かかわっていて疲れるものはない。また、不思議なことに、継続するよりも動きだすことのほうがはるかに大変だというケースのほうが多い。

もっともつらいのは初めの一歩

何をするにも、行動を起こすまでのコストは必ず発生する。わたしの場合、実際に運動することよりも、ジムへ行って運動できる服に着替えることのほうが大変だ。だからこそ、良い行動を習慣にすることには大きな意味がある。**習慣になれば、とりかかるまでのめんどうなプロセスを何も考えずに行えるようになる。**

わたしは実際、この本を書き始めようとしたときに、最初の一歩の労力を思い知らされた。それまでの数カ月間、さまざまな本を読んで大量のメモをとっていたので、膨大な紙の束や集めた資料が山積みになっていた。本を書くときの最初の段階であるリサーチは、いつも刺激的で楽しいのだが、それが終わると、いよいよ実際に分析して書くというつらい作業にとりかからないといけない。

執筆を始めるのに最適な日はいつか？　わたしは自分に尋ねた。週の初めの日、月の初めの日、一年の初めの日、誕生日、学校の新年度が始まる日……。そうして候補を挙げていくうちに、わたしは「明日から」と言い訳して先延ばししているだけだと気がついた。最適な日などない。始めるなら「いま」だ。準備は整っているのだから、最初の一歩を踏みだせばいい。とりかからない理由は何もない。

最初の一歩を踏みだすタイミングとして、「いま」は嫌われる。特に理由はなくても、

ものごとがもっとラクになる日はほかにないかと心のどこかで思う。「明日からのわたしは、新たに習慣にしたいことを自ら進んで行う」と明日の自分を妄想することがある。だが、明日の自分など存在しない。存在するのはいま、、、の自分だけだ。

友人のひとりはこう言う。「わたしはね、へんてこな考え方を言い訳にして先延ばしにする。理不尽なルールを勝手につくるのよ。たとえば、『10時10分だから仕事は始められない。ちょうどの時間にならないと』や、『もう4時だから、仕事を始めるには遅すぎる』という感じ。でも、ほんとはすぐに始めるべきなんだけどね」。

彼女に限らず、「休暇があけたら／新しい仕事に慣れたら／子どもがもう少し大きくなったら」という言い訳はよく耳にする。さらにひどくなると、「ダイエットを始めて、体型が元に戻ったら、新しいことを始める」というように、始める条件が二つになることもある。

先延ばしは時間の無駄でしかない。それに、**「先のことだから」と楽観して、後になって責任の重さに苦しむこともある。**義父からこんな話を聞いた。「スピーチやイベントへの出席など何かを頼まれるときは、来週あるものだと思うようにしている。6カ月先の話だと思うと、つい安うけ合いしてしまい、いざそのときになると後悔するんだ」。

小さな一歩と大きな一歩

最初の一歩は、できるだけ小さく無理のないものにすると、習慣として長続きすることが多い。初めに小さく踏みだすことで、「習慣のための習慣」が定着し、自分のものになったという実感が得られやすいのだ。ヨガを習慣にしたい人は三つのポーズを習得することから、長編作品を書きたい人は、執筆講座で一文書くことから始めればいい。

エクササイズ信奉者のわたしは、母から散歩を日課にするつもりだと聞いて喜んだ。

「でもね、なかなか続かなくって」と母は言った。

「どのくらい歩いているの？」

「ルース公園を2周。約3キロね」

「1周にしてみるといいわ」と提案すると、これが正解だった。歩く距離を短くしたおかげで、散歩は母の日課となった。

また、**小さな一歩は、気がひけることや大きな目標に挑むときにも最適だ。**最初の一歩さえ踏みだせば、たいていはそのまま進み続けられる。

わたしはずっと、作家向けのソフトウェア「スクリブナー」を使えるようになりたいと思っていた。スクリブナーを使えば、膨大なメモの山の整理ができるとわかっていたが、不安でなかなか始められなかった。ソフトをインストールし、ノートパソコンとデスクトップパソコンを同期させないといけない。使い方を理解する自信もなかった。来る日も来る日も、明日に先延ばしにする理由が見つかった。明日になればきっと、やる気になるだろうと自分に言い聞かせていた。

だがとうとう、「いま始めよう」と思い立った。**最初の一歩さえ踏みだせばいい。**そうしてわたしは、いちばん小さな一歩から始めることにした。ソフトを購入できるサイト探しだ。これならできると思った。そして実際にサイトを見つけて購入した。その先にも大変な作業がたくさん待っている。でも、とりかかったのは間違いない。翌日になると、これまでとは違ってずいぶんと落ち着いた状態で、ソフトの取り扱い説明動画を見た。それから保存用のファイルを作成し、ついに執筆を始めるに至った。

小さな一歩と対照的に、**大きな一歩を踏みだすほうがうまくいく人もいる。**そういう人は難題に挑むことが好きで、難題だからこそやり遂げたいと思う。フランス語を身につけると心に決めた友人は、6カ月間フランスに移住した。

思い切った一歩の場合、それだけに集中する期間が必要となる。**大変だが、集中することで習慣になりやすくもなる。**たとえば、1カ月で小説を書く方法を説いたクリス・ベイティの著作を読んだわたしは、それから1カ月で本当に小説を書いた。自分の創造力に刺激を与えようと思ったのだ。この種のショック療法は長く続けられないが、楽しいし勢いが生まれるので習慣となりやすい。何かを30日間続けるプロジェクト、デトックス、断食、壮大な目標、集中トレーニングのように、**一定のあいだ積極的に取り組むことで、それに対するエネルギーと集中力が生まれる。**わたしは引きこもって集中するのが好きだ。これまでに3回、起きているあいだずっと執筆するという数日間を設けたことがある。食事と運動のとき以外はひたすら書く。このように、書くことだけに集中する期間を設けると、毎日の執筆習慣の刺激となる。

ただし、「思い切った一歩」はその性質上、長期的には続けられない。だから、思い切った一歩を踏みだした後に、**どうやって長く続く形に移行するかを具体的に計画することが非常に大切になる。**

正しいやり方も間違ったやり方もない。習慣として定着するのであれば、どんなやり方でもかまわない。

最初の一歩をラクにするには

人は「まだ始めていない」ことに不安を覚えるとますます億劫《おっくう》になり、ますます不安になる。わたしも次女の誕生日会の招待状を発送していないことで不安になったとき、先延ばしにせずにはいられなかった。厄介なメールをもらってなかなか返信できずにいたときも、何日も先延ばしにし続けた。

これが先延ばしの落とし穴だ。でも最初の一歩を踏みだせば、そこから抜けだせる。始めるのが不安なときは、**最初の手順をまとめるだけで始めやすくなる。**やらないといけないことを書きだし、とっかかりとなることを見つけ、やるべきことをまとめた紙を目につく場所に置けばいい。やらないといけないことにまだ実際にはとりかかっていないので、これを第一段階と呼ぶのはおこがましい気もするが、この第一段階にとりかかれば、すでに始めたことになり、第二、第三段階へと進みやすくなる。

わたしは電話が苦手だ。家族は別だが、電話をかける用事を先延ばしにしてしまう。そこで、電話をかける用事はその日のうちに済ますことにした。どうせかけないといけないのだから、先延ばしにすればかけづらくなるだけだ。これからは、かけないといけない電話はすべてメモし、できるだけ早くかける。長女のドライアイについて眼科医に相談する電話、会計士への電話、仕事部屋の配管漏れに関する電話……。

「その日のうちに電話する」習慣から、リサイクルショップへ定期的にものを寄付するという新たな習慣も生まれた。わたしは家に不要なものを置いておきたくないのだが、不要品を放り込んでいた戸棚がいっぱいになった。近所にはリサイクルショップが数軒ある。

これまでずっと、不要品を持ち込んでもいいか不安で、手をつけられずにいた。やるならいまだ。電話をかけて尋ねればいい。

そうしてわたしは最寄りのリサイクルショップの電話番号を入手した。マンションからたった3ブロックしか離れていないその店に、わたしは意を決して電話をかけた。この電話をきっかけに、自分でも驚くほどの変化が起きた。不安は消え、そのショップに不要品を持ち込んでいる自分の姿を思い浮かべられるようになったのだ。そして次の土曜日、不要品を詰めた箱を持って行くことができた。

何をするにせよ、**最初の一歩には何かしらの切り替えが必要になる。**大人は子どもに、その切り替えを自ら行えるよう手助けする。決まった時間にベッドに入らせる、掃除を促す、残り時間が短くなったら知らせる、といったことだ。その反面、自分のこととなると、一つの行動から次へと何の苦労もなくすぐに切り替えられると高《たか》をくくる。わたしは毎日ブログを更新しているが、毎日自分を奮い立たせないといけない。

ある行動から次の行動に移るまでの間隔が短すぎると、焦ってイライラすることがある。そんなとき**「切り替え」のための習慣があると、落ち着いてスイッチを切り替えられるので、行動がラクになる。**

切り替えのための習慣は人によって違う。友人のひとりは、「息子を学校へ送ったら、コーヒーを買って9時15分から10時までゴシップ記事を読む。それから仕事にとりかかる」と言っていた。別の友人の話も聞いた。「日課としている執筆作業に取り組むとき、執筆のことは考えない。考えるのは、とりかかるまでの儀式のことだ。コンピュータの前に座り、ヘッドホンをつけ、執筆時に流す用にまとめた音楽ファイルを開く。2曲めか3曲めになる頃にはもう、音楽は耳に入ってすらこない。でもそれで、執筆の時間になったとはっきりとわかる。そのファイルの音楽は267回聞いているからね」。

寝るときに決まった習慣があると、眠りから目覚めたときの切り替えがラクになるほか、寝つきもよくなって深い睡眠が得やすい。金融関係の仕事で年中あちこち飛び回っている友人がいる。彼はとても風呂好きには見えないのだが、どんなに遅く帰ってきても、風呂に入らないと眠れないという。

わたしは夜の習慣となっている自分の行動に悩んでいた。**行動を切り替えるときに、お菓子や飲みものが欲しくなる人は多い。**しかも、そういうときに選ぶのは、セロリやカモミールティーではない。わたしにはいつのまにか、9時頃になると食べものを探してキッチンをうろつく習慣が身についていた。そのせいで、お腹がすいていなくてもお菓子を探してしまう。それをしないと一日が終わった気がしないのだ。とはいえ、この習慣はよくないと思っていたので、夕食後は何も食べないと心に決めた。

寝る前のつまみ食いをやめたいなら、**夕食が済んだら歯を磨けばいい**というアドバイスをよく耳にしていた。そんなことで本当に変わるのか疑わしかったが、試してみることにした。これまでは寝る直前に歯を磨いていたが、次女のエレノアを8時30分に寝かしつけたら歯を磨くことにした。意外にも、そのわずかな違いにとんでもない効果があった。歯を磨くと、お菓子を食べたい衝動が収まるのだ。歯を磨きながら、「今日はもうこれ以上食べない。歯を磨いたからおしまい」と思うようになった。その思いと、口の中がきれいになった感覚のおかげで、食べる時間は終わったと実感できる。それに、寝る直前に歯を磨いていた長年の習慣によって、歯磨き粉の味が果たしていた寝る時間への切り替えの役割も健在だった。

このように、**切り替えの瞬間を詳しく見ていくと、小さな変化で大きなメリットを生みだせる。**

習慣は中断するな!

最初の一歩を踏みだしたら、その足がとまらないように気をつけるべきだ。とはいえ、何かあればとまってしまう恐れはある。悪天候、出張、旅行、病気、新しい上司、子どもの誕生、子どものスケジュールの変更、新しい家、周りの誰かの変化……。**一度始めたことをやめれば、もう一度最初の一歩を踏みださないといけない。**それだけはできれば避けたい。始めたことをやめれば勢いが失われ、罪悪感が強くなり、やめてしまった自分が嫌になる。やめていちばんつらいのは、**またすべてを自分で考えて決めないといけない状況に戻ることだ。それにはエネルギーが必要となるうえ、誤った決断も増える。**

一度やめると特に大変なのが、運動する習慣だ。だから、わたしのヨガのインストラクターは**一時的にやめることを許さない。**そのインストラクターはプライベートレッスンをたくさん抱えていて、多くの生徒が夏になると街を離れる。「みんな、『夏のあいだはやめますが、9月になったら電話します』と言うんです」と彼はわたしに話してくれた。「でも僕は、『いいえ、やめてはダメです。夏のあいだはレッスンをキャンセルしますが、スケジュールは何も変わりません。次は9月4日のいつもの時間にお会いしましょう。その日の都合が悪ければ、別の日程を組みましょう』と必ず言うようにしています」

「そうすれば、やめたと感じなくなるのですか？」

「ええ。やめてしまうと、もう始めないかもしれません。でも**復帰する日を決めておけば、『やめる』ことになりません**から」

そういえば、通っている筋力強化ジムでわたしを担当してくれたトレーナーのローリーがやめたとき、わたしは迷わず別のトレーナーについた。だが、ローリーに担当してもらっていた友人の何人かにとっては、ローリーの退職が「やめるきっかけ」となった。会うたびに彼らから、「ローリー以外の人とはトレーニングしたくない」と聞かされた。この種の感情は、ジムに通うことにあまり積極的でない人のほうが強く抱くようだ。

友人のひとりはわたしにこう言った。「ローリーがいないならジムに行きたくない。違うタイプのエクササイズもやってみたいし、別のところを探すつもり」。

わたしはこの友人のことをとてもよく知っている。よく知っているからこそ、その言葉を鵜呑《うの》みにできなかった。彼女は、スキー、テニス、登山、水泳は好きだが、定期的な「エクササイズ」というものを嫌っている。にもかかわらず、筋力強化トレーニングの習慣だけは続いていたのだ。

「このジムのエクササイズより気に入るものを探すの？　週に一度20分だけのトレーニングで、シャワーを浴びる必要も鏡もないのに？　次はどんなトレーニングを始めるつもりなの？」わたしは詰め寄った。「**別のことをちゃんと始める前に、いまの習慣をなくすのはよくない**と思う」。

数週間後にその友人と会ったとき、わたしは「筋力トレーニングはどうなった？」と尋ねた。

「あなたの言うとおりだった」彼女はため息をついた。「やめるなら、その前に別の新しいことを見つけるべきだった」。

覚えておいてほしい。**一度身につくとほぼ一生続く習慣もあるが、何年続けても危ういままの習慣もある。**自分にとって大事な習慣は、それを失う元凶となるものから守らないといけない。一つひとつの積み重ねが連鎖となって、習慣を強くする。一つでも鎖が壊れたら、やめてしまうきっかけが生まれかねない。

積み重ねを壊さないようにすることは、習慣を形成するうえでの強力な武器となる。小学校で皆勤賞を目指した人も多いだろう。完璧な記録を残すのはとても気分がいい。コメディアンのジェリー・サインフェルドは、後輩コメディアンに対し、「毎日書くことが優れたジョークを生みだす。日めくりカレンダーを買い、書いたらその日のカレンダーに赤で大きくバツ印をつけることを日課にしなさい」と告げた。「数日続ければ、習慣の基礎となる鎖ができる。数週間続ければ、その積み重ねを見るのが楽しみになる。そうなれば、あとはその積み重ねを壊さないようにさえすればいい」。

また、友人からこんな話も聞いた。「週に3回スタッフミーティングがあるのだけど、わたしはいつもサボってた。わたしの仕事には関係ないミーティングがほとんどだったけど、サボったせいで大事なことを聞き逃すこともよくあった。一度本当に大変な目に遭って、そのときに、スタッフミーティングへの参加は絶対に欠かさないというルールを自分でつくったの。いまでは、皆勤賞を続けたいと思ってる」。

アップホルダー（約束を守る人）は、やることリストの項目を消していくことが大好きなので、積み重ねの鎖ができることに大きな充実感を覚える。クエスチョナー（疑問をもつ人）は、自分の役に立ちそうだと思えば試し、そうでなければ無視する。レブル（抵抗する人）は、鎖という考え方に抵抗を覚える。どんなときも自分で選んで行動したがるので、基本的に何かに縛られることはない。オブライジャー（義務を果たす人）の場合は、鎖に責任を感じることができないと、それを有益に思えないかもしれない。外から課される責任がないと積み重ねが始められないかもしれないが、一度始めれば、義務感にかられなくても続けられることが多い。

「四つの傾向」のどれであれ、**やめざるをえないきっかけ**（長期旅行や夏休みなど）**に直面したときは、**ヨガインストラクターのアドバイスのように、**戻る日を具体的に決めておくとよい。**いつでもできると思うことは、いつまでたっても始めない。再開するのにふさわしいタイミングをぼんやりと待つのはとても危険だ。「明日から始めよう」とどんどん

先延ばしにすれば、それだけ最初の一歩を踏みだしづらくなる。

良い習慣を中断すべきでない理由はもう一つある。残念ながら、**一度やめたことを再開するほうが、ゼロから始めるときよりもはるかに大変**なのだ。「以前やっていたのだから、またすぐに始められる」と思いがちだが、再開するというのは想像以上につらい。初めてやるときの最初の一歩も大変だが、そこには新しいことを始めるとき特有のエネルギーや前向きな気持ちがある。習慣でなくなったことを再開するために同じようなエネルギーを振り絞ろうとしても、わたしはうまくできなかった。**そこに目新しさはなく、前に苦労したことばかり思いだすので、どんどんやる気が失われていくのだ。**

友人はこんなことを言っていた。「1カ月間禁酒したときは、本当に充実していた。1カ月だけと決めていたから、その後はまた飲むようになった。しばらくして、もう一度同じように禁酒しようと思い立った。前にできたから簡単だと思ったら、2回めはできなかった。1回めとは全然違う」。

「いつまで続けるのか」と考えると、習慣を変えたい気持ちがくじかれてしまう。「永遠に」だと思うと、いっそう変えたい気持ちは失せる。良い習慣の場合、そのほとんどに「終わり」はない。最初の一歩を踏みだすところは想像できるが、それを決してやめることはないと思うと圧倒されてしまう。

成果がはっきりと現れない習慣は、特に継続が難しい。自分のためになることを、自分の意志に従ってやっているという満足感は得られても、輝かしい成果はめったに得られない。とはいえ、**その実りのない時期を耐えぬくことができれば、本当の意味で自分の習慣となる。そしてその価値は、人生がよりよいものになることで証明される。**

わたしはずっと、瞑想をやめようかどうか悩んでいた。やる意味がないように思えていたからだ。ところが、初めて瞑想が役に立ったと思える出来事があった。ある晩ベッドに入ると、その日あった嫌なことが頭のなかを駆けめぐった。そうして時間が経つにつれ、睡眠時間がどんどん削られていくことに腹が立ってきた。そこで、いちばん心が落ち着くイメージを思い描き、瞑想を始めた。セントラルパークの噴水広場に雪が舞い散る光景だ。それには効果があると思えたので、当面は瞑想を続けると決めた。

習慣にしたいことの多くは、永遠に続けたいと思っていることだろう。いちいち決断を下すことも、議論も、やめることも、終わりもなく、ずっと続けたい。「永遠」と思うと怖くなるので、**「目の前のことに取り組む」という考え方をすれば、良い習慣を続けやすくなる。**わたしの友人もこんなふうに言っていた。「自分に向かって『こういう食べ方を永遠に続けるわけではない。いまだけだ』と言い聞かせているから続いているのかも。永遠に続けるつもりでいても、毎回いまだけだと思えばいい」。

その行動が習慣かどうかを改めて考えることはしない。ただ単に、「これがわたしの今日やること」だと思ってやるのだ。習慣は頼りになる存在だ。日々、最初の一歩さえ踏みだせばいい。

まとめ

◎習慣を身につけるうえで「最初の一歩」がもっとも苦しい。

◎大きな目標や長期にわたる習慣には「小さな一歩」、期間が決まっているものには「大きな一歩」が効果的。

◎習慣は一度中断すると再開が非常に困難になる。どうしても中断する場合は再開する日時を具体的に決める。

Take Action

■習慣にしたいのになかなかできなかった行動を、「いますぐ」リストアップしてみる（例：絵画教室に申し込む、水曜の夜の飲み会は断る）。

「とりあえず」の罠
～適当に始めた習慣ほどやめられなくなる

「自分の外の世界に広がるものにあまり影響を受けないほど強い内面をもつ生き物は存在しない」

ジョージ・エリオット
『ミドルマーチ』

「始まり」には習慣を形成する特別な力が潜んでいる。このときに必ず、「白紙の状態」を経験するからだ。ここでの**「白紙の状態」とは、それまでの状態がリセットされ、新しいスタートを切れる状態になるという意味である。**

新年や自分の誕生日に新たな目標を立てるのがいい例だ。結婚、離婚、子どもの誕生、新たな出会い、死別などを通じて人間関係に変化が生じたときなども「白紙の状態」だと言える。ほかにも、引っ越しや家具の配置換えをしたときや、新しい仕事、新しい学校、新しい医師に変わったときに生まれることもある。弁護士の友人からこんな話を聞いた。「わたしってシングルマザーでしょ。だから、精一杯稼ぐことがわたしの義務だといつも感じてた。でも、去年息子が大学を卒業したときに思ったの。『最後の学費を納めた。息子も独り立ちした。これからは何のために働くんだろう？』って。これまでとはまったく違う世界が目の前に開けたみたいだった」。

「白紙の状態」は、人生の節目となるような大きな変化だけでなく、小さな変化でも生みだせる。出勤時のルートを変える、テレビをこれまでとは違う部屋で観るといった些細な変化でもかまわない。

不本意な変化だって、新しいスタートの機会になりうる。ブログの読者から次のような投稿があった。「夫が11月に亡くなりました。わたしは元々内気なタイプで、人は好きですが、人とかかわるのは疲れると感じていました。でも、夫を亡くしてからは、孤独から鬱《うつ》になるのではないかと不安になり、人とかかわる計画を山ほど立ててました。予定をキャンセルしてもみんな理解してくれるとわかっていましたし、周りにたくさん人がいたほうがいいと思ったんです。6カ月経ったいまでも、毎日のように誰かと何かをする計画を立てています。こんなに変わるなんて自分でも驚きですが、変わって本当によかったです」。

「白紙の状態」を利用する

この状態には、何かを始めたくなる不思議な力がある。それに、「できる」という感覚を高めてもくれる。言ってみれば、誰もまだ足を踏みいれていない雪景色や、未開封の卵のパックを目の前にしたときの感覚に近い。高級ホテルや夕日が沈むビーチなど、美しい場所で新しいことを始めてもいい。テレビ画面にハンマーを振りおろす、クレジットカードをハサミで真っ二つにするなど、行きすぎとも言えることをしてもいい。自宅やオフィスの壁の色を塗り替えたり、新しい家具に買い替えたりしてもいい。ある女性は新しいスタートを切るために、新年に必ず冷蔵庫の中のものを捨てると言っていた。

「白紙の状態」が生まれる瞬間は見過ごされやすい。この状態が習慣を変えるきっかけになると気づいていない人はとても多い。**人は習慣の生き物なので、新たな行動が記録として刻まれると、それを消去できない。だからこそ、自分が続けたいやり方でスタートを切ることが大切になる。**

新しいマンションに引っ越したとき、わたしは最初の数日間、メールやSNSのチェックに1時間使ってから仕事にとりかかっていた。それが決定打となり、仕事を始めるときの習慣としてわたしの身体に深く刻み込まれた。これが最高の習慣かどうかはさておき、この習慣をいま変えようと思ったら、かなりの努力をしないといけないだろう。大学時代、講義の初日に座った席で、その学期のその講義の座る席が決まった。だからいままでは、**何をするときも、最初の数回には細心の注意を払う。**その数回で、習慣の土台が形成されるとわかったからだ。最初のときと違うことをすると、何かを失ったような気持ちや違和感を覚える。

「白紙の状態」を活用すれば、新しい習慣を確立する苦労を減らすこともできる。ロースクールに通っていた頃は、早起きしてジムに通うなんてとてもできないと思っていた。でも、卒業して裁判所書記官の仕事に就くと、それが「白紙の状態」だとは特に意識しなかったが、勤務初日からずっと、わたしは毎日仕事の前にジムへ通った。「白紙の状態」の力を借りたとはいえ、つらくなかったと言えば嘘になる。とはいえ、通うのを1カ月、いや、1週間でも遅らせていたら、もっとつらかっただろう。

転職を決めた友人から、前の仕事では働きすぎたから、今度はそうならないようにしたいと打ち明けられた。

「そういうときは、『白紙の状態』を活用するのがいちばん」とわたしは提案した。「退社する時間を自分で決めて、最初の1週間は必ずその時間に退社するの。そうすれば、それが習慣になるから」。

「6時30分か7時に退社できればいいけど、最初の週はもっと遅くまで残ると思う。早く慣れたいし」と友人は言った。

「最初にとる行動で、その後の行動も決まってしまうと思わない？　会社を出たいと思う時間を決めて、初日からその時間に出ると決心しなさい。先延ばしにしたって帰りやすくはならない。半年後から理想の時間に帰るほうが絶対に大変よ」

一度身についた習慣から抜けだすのは本当に大変だ。転職を決めたとき、その友人の頭には9時に退社する習慣がまだ染みついていた。新しい仕事という「白紙の状態」を活用しなければ、たぶんその習慣は壊せないだろう。**「とりあえず」のつもりで行うことは永久に続くことが多く、永久に続くと思ったことほど、その場限りで終わることが多い。**

「白紙の状態」の力が借りられるのに、そのチャンスを逃すのはもったいない。たとえば、引っ越しするとこれまで定着していた行動習慣が大きく変わるので、新しい習慣に変えやすい。キャリア、学校、人間関係、依存行動、ダイエットを含む健康習慣など、何かを変えようと試みた人を対象にした調査では、変えることに成功した人の36％が「引っ越し」と関連づけられたという。ブログの読者からも次のような投稿があった。「もうすぐ新居を購入します。これまでは、新しい場所に住んで新しいスタートを切るだけで、自分に染みついたダメな習慣が勝手に消えると思っていましたが、それは間違いだと気づきました。

自分のどんな行動によってダメな習慣が身についたのかをきちんと理解していなければ、どうすればそれを防げるかもわかりません。ですから今回は、ダメな習慣を一掃し、新しい習慣を身につけることを事前に考えておくつもりです。これまでと同じ過ちは繰り返したくないので」。

一時的な引っ越しや旅行も、「白紙の状態」として活用できる。わたしの父も、「禁煙は何よりもつらかった。でも禁煙を始めてすぐに、ミクロネシアへ10週間出張することになった。あれがあったから本当に助かった」と言っていた。出張先では当たり前になっていた習慣がすべて壊され、新鮮に感じることを次々に体験したおかげで、タバコのことをあまり考えずにすんだのだ。

転職した働きすぎの友人にも伝えたように、新しい仕事に就くという「白紙の状態」は、新しい習慣を取りいれる絶好のタイミングだ。知り合いの男性は、そのタイミングでメールとの付き合い方を変えることに成功した。「僕はずっとメールにとらわれてきた。でも、転職して新しいメールアドレスに変えたのを機に、メールボックスを毎晩空にすることを自分に課した。いままでは、届いたメールはすべて、返信、削除、保存のいずれかの処理をその日のうちに行う。前の仕事のときは、いつまで経ってもメールの処理が追いつかなかった。でも、転職で新しいスタートを切ることができた」と彼は説明する。

「白紙の状態」は期せずして生まれることもある。わたしの母は、昔から甘いものに目がない。数年前、母はひどい胃腸炎にかかった。その後何とか回復すると、甘いものを欲しいと思う気持ちがなくなっていたという。とはいえ、そのまま昔の食習慣に戻るのは簡単だっただろう。でも幸い、母は「白紙の状態」になったことに気づき、甘いものを欲する気持ちが戻った後も、できるだけ食べないようにしている。

「白紙の状態」の落とし穴

「白紙の状態」は新しい習慣を形成する絶好の機会だが、**すでに定着している習慣を促すきっかけが失われたり、自分のためになっているルーティンが壊れたりすることもある。**大したことなさそうに思える習慣のどれか一つでも綻《ほころ》びをみせれば、それに連なる習慣すべてが失われかねない。調査によると、結婚、離婚、転職、家族構成の変化といった人生の節目となる大きな変化を経験すると、ものの買い方が変わる傾向が高いという。しかもその変化は無意識に起こることが多い。また、食習慣も同様に変わる可能性が高い。とりわけ30歳以上の人は、結婚や離婚によって体重が変化する。女性は結婚後、男性は離婚後に、大幅に体重が増えるリスクが高まる。わたしのブログにも次のような投稿があった。

「わたしは定期的に運動していましたが、息子がバス通学になったとたん、運動しなくなりました。なぜかというと、息子を車で学校に送ってからジムに行っていたからです。この流れはルーティンとして定着していました。息子がバス通学になり、ジムに行くきっかけがなくなってしまったのです」

何かしらの変化が習慣を一掃しようとしていても、人は意外なほどその事実に気づかない。そこで役に立つのが、先に紹介した「測定」だ。**測定していれば、良い習慣が壊れかけたら数値として表れるのですぐに気がつく。**

「白紙の状態」の効果について調べていたら、わたしも自分のために活用したくなった。考えた末、わたしは次女のエレノアの部屋を掃除して模様替えし、彼女が遊ばなくなったおもちゃを処分することにした。おままごとに使っていたおもちゃの農場やお城を箱に詰めているときは悲しくなったが、処分する山積みの箱を見ると、エネルギーがわいて元気になった。「白紙の状態」は小さなきっかけやありふれた変化を通じてでも生みだせる。いつでもしっかりと目を見開いていれば、「白紙の状態」を活用する機会は必ず見つかるものなのだ。

まとめ

◎環境の変化やものごとの節目に生まれる「白紙の状態」においては新たな習慣を形成しやすくなる。そのため、最初の数回の行動には注意を払わねばならない。

◎「白紙の状態」になると良い習慣も失いやすい。測定をすることで自分の状態をつねに把握しておこう。

Take Action

■「白紙の状態」が生まれたら、最初の行動に「身につけたい習慣」を取りいれてみる（例：引っ越し初日からプールに通う、30歳の誕生日から日記をつけ始める）。

愛煙家が一晩で禁煙できた真相

「生活の営みは、己の思考を真に反映するものである」

ミシェル・ド・モンテーニュ

『エセー』より「子どもたちの教育について」

「白紙の状態」と違って、突如として急激な変化を成し遂げるケースもある。ある本を読んで、誰かの話を聞いて、あるいは新しい考え方に遭遇したことをきっかけに、新たな習慣が長く付き合ってきた習慣にとって代わるのだ。準備も、小さな一歩も、ためらいもない。それは瞬時に切り替わる。わたしはこのような変化が生まれることを、「雷に打たれる」と呼ぶことにした。この「雷」は、その人がもつ知識、信念、考えから生まれる。

「雷に打たれる」ことは、習慣の形成を促す強力な武器だと言える。でも残念ながら、自分の意思で実行するのは不可能だ。ほかの方法と違い、こればかりは、自分で決めたからといってできるようにはならない。雷に打たれるのは偶発的だ。打たれた瞬間、文句を言わなくなる、ベジタリアンになる、祈りを捧げるようになる、禁酒する、スーパーで買い物袋をもらわなくなる、といった行動をとり始める。

人生の節目となる出来事を迎えると「白紙の状態」が生まれると述べたが、このときに「雷に打たれる」人も多い。結婚、病気、死別、記念日、どん底、誕生日、事故、中年期の危機、長期にわたるひとり旅といったことを経験すると、**新しい考えに触発され、「変わりたい」という衝動が生まれる。**

「雷」は突然落ちる

わたしの知り合いに、ドラッグ、アルコール、タバコ、ジャンクフード、人間関係に悩む患者を数多く救った医師がいる。その彼からこんなことを言われた。「一晩で習慣を変えてしまうものがある。何年挑戦しても変えられなかったことでも、それが起こったとたん、何の問題もなく変わるんだ」。

「何？」わたしは尋ねた。

「妊娠さ。これまでに何度も、妊娠が判明したとたんに変わることができた女性を見てきた。絶対じゃないが、そうなる女性は結構いる。母親になったと知り、自分の行動が赤ちゃんの健康を左右するという新しい思考が、彼女たちを変わらせる」

このように、大きな出来事が「雷に打たれる」きっかけとなることがある反面、本の一節、映画のワンシーン、誰かの一言といった**小さなこともきっかけとなりうる。**

体重を15キロ落とした友人はこんなふうに言っていた。「わたしは生まれてからずっと体重に悩まされてきた。トレーナーについてトレーニングをしていたんだけど、あるとき無理をして、両膝の半月板《はんげつばん》が損傷したの。あれは本当に痛かった。医者に診てもらったときに何をすればいいかと尋ねたら、『体重を落としたほうがいいでしょうね』という一言が返ってきた。そのときに、雷が落ちた。わたしが変わらない限り、この痛みはひどくなる一方だと急に悟ったの」。

わたしの友人は、いつも遅れて息子を練習場に送り届けていたが、あるとき息子から、「ママは自分に関係ないからいつも僕を練習に遅刻させるけど、迎えに来るときは、いちばん最後にきた親になりたくないから絶対に遅れないよね」と言われたという。それ以来、彼女が息子を遅刻させることはなくなった。

特に何のきっかけもないのに突如として「雷に打たれる」こともある。何年ものあいだ一日2箱タバコを吸っていた友人が、突然タバコをやめた。食事の約束をしている店に向かう途中、いつものようにタバコを1本取りだしたときに、「なぜこんなことをしているのだろう？　もうやめよう」と思ったのだという。そしてタバコの箱をゴミ箱に捨て、それからは一度も吸っていない。最初の3カ月は禁断症状が出たが、彼女の決意は揺らがなかった。「もうタバコを吸う人じゃなくなっただけ」と彼女は言う。事前に計画していたわけでも、禁煙を意識していたわけでもないのに、なぜか突然「雷に打たれた」のだ。

　このように突然の心境の変化で習慣が変わることを軽視する人は多い。でも、**自分を大きく変えてしまうほどに心境が変わることもあるので、気にとめておいたほうがいい。**何の努力もなしに、自分が変わりたいと思ったときに瞬時に変われる力を利用しない手はない。

「雷に打たれて」変わったこと

わたしも「雷に打たれて」食べものに対する考え方がひっくり返った。その瞬間から食生活を根本から変え、以来ずっと続けている。家族で海辺へ旅行に出かけたとき、わたしは荷物のなかにゲーリー・トーベスの『ヒトはなぜ太るのか？』を入れた。この本はインスリンについてずいぶんページが割《さ》かれていたので読みたいと思ったのだ。妹のエリザベスが糖尿病を患ってからというもの、インスリンはわたしにとっても関心の対象だ。

　2日かけて最後まで読み切ったとき、わたしは「雷に打たれた」。トーベスは、「インスリンレベルを下げて脂肪を貯めにくい身体にするためには、消化されやすくて炭水化物の含有量が多い食品は避けるべきだ」という議論を展開し、わたしたちが太る最大の原因は「摂取する炭水化物の量と質にある」と主張していた。

わたしはこれまで、健全な食生活を送ろうと懸命に努力してきた。砂糖が使われている食品はほとんど口にせず、お酒もめったに飲まない。オートミールを主食とし、薄くスライスした全粒粉のパン、果物、玄米などを食べていた。もう何年も、何を食べるときも脂肪分を極力避けてきた。こうした食生活を変えたいと思ったことはなかったが、『ヒトはなぜ太るのか?』を読んで、食事に対する考え方が根底から覆されたのだ。

旅行先は、うってつけのスタート地点だった。ホテルに泊まっているので、これまでと違う食材を買う必要も料理する必要もない。これまでと違うメニューを選ぶだけでいいのだ。いつもなら朝食にはブランシリアル、無脂肪乳、フルーツサラダを頼むが、その日の朝は恐る恐るスクランブルエッグとベーコンを食べた。

その後も以前とはまったく違う食生活を数週間続けたところ、効果は絶大だった。ここ数十年でいちばんカロリーを摂取し、食間に空腹感を一度も覚えなかったにもかかわらず、健全な体重の範囲の最低値あたりまで数値が下がり、その体重で安定した。

わたしは周囲にもこの食生活を熱心に勧めた。最初に応じたのは父だ。父は健康的な食生活に関心が高い。彼は70代半ばになるが、いまもずっと体重を落とす努力をしている。また、長年にわたってコレステロールを下げる薬と血圧の薬を飲んでいる。父の祖父は64歳、父の父は57歳で、ともに心臓発作で亡くなっていることから、心臓の健康を特に気にしていた。

ただ、父が食生活を変えたのは、本を読んで「雷に打たれた」からというよりも、クエスチョナーとしての性質のおかげだと言っていい（ただし、わたしに起きた急激な変化に感銘を受けたのは間違いない）。父は著者のリサーチに心から納得し、簡単にできることから少しずつ始めた。付け合わせのポテトを野菜に変える、パスタではなくステーキを注文する、という具合だ。それで満足のいく結果を得られたことで、父は低炭水化物の食生活は信頼できると確信し、しだいに制限を厳しくしていった。

「90キロを目前にして、少しずつ体重が落ちている」本を読んだ数週間後に、父から報告があった。「こういう食生活ならずっと続けられるよ」。

「でも、まだワインを飲んでいるのよ」電話越しに母の声も聞こえた。

「ああ。それをやめるのは最後だ」父は嬉しそうだった。「ワインをやめなくても結果は出てる」。

「そうね、進歩が大事だもの。完璧じゃなくていい」とわたしは父に言った。「たまに例外をつくったとしても、以前よりいい食生活になっているんだから」。

習慣となった行動には、自然とそれを後押しする力が生まれる。このときもそうだった。炭水化物を食べなくなると、それを食べたいという気持ちが消えた。糖質への「依存症」が実際にあるかどうかは別として、パン、シリアル、スイーツなどは、食べれば食べるほどもっと欲しくなった。でもいまは、そういう食べものを思い浮かべることすらしない。

低炭水化物の食生活をいちばん勧めたいのは、実を言うと妹のエリザベスだった。彼女はI型糖尿病を患っている。この食生活に変えれば、血糖値が下がり、インスリンを摂取する回数を減らせるかもしれない。でも、エリザベスは何かを要求されるとムッとするタイプで、我慢が嫌いだ。それに、糖尿病のせいでさまざまな我慢をすでに強いられている。だから、なかなか話を切りだせずにいた。

ところが、エリザベスとの電話中、彼女のほうから話を振ってくれた。

「食生活を変えたんですって?」とエリザベスが言った。「姉さんと父さんが特別なダイエットをせずに痩せたって母さんが言ってたけど」

「そうなの！」わたしはホッとした。「栄養の摂り方についての本を読んだの。あなたも読んだほうがいいと思う」。

数週間後、エリザベスからメールが届いた。

送信者：エリザベス
今朝病院に行って、炭水化物を控える食生活に変えると先生に伝えてきたよ。本はまだ10ページくらいしか読んでないけど、主旨《しゅし》はわかった。いろんな意味で、この食生活は守らないといけないと思ってる。

彼女がその気になってくれて、わたしは本当に嬉しかった。

炭水化物を控える食生活を始めた6カ月後、父から血液検査の結果を知らせる電話がきた。「正常に戻ったぞ。数値はどれもとびっきり優秀だ。すべて改善したよ」。

「本当？」わたしは心の底から安堵した。

「たまに食生活が乱れることはあった」と父は言う。「食生活を変えてから検査までのあいだに、感謝祭とクリスマスがあったし、友人とフェニックスへ旅行にも行った。それでも改善した。何より、この食生活ならいつまでも続けられると思えるのが最高だ」。

エリザベスが炭水化物を控えるようになって数カ月後、病院でA1c検査を受けることになった。これは糖化されたヘモグロビンを測定する検査で、過去3カ月における平均血漿《けっしょう》グルコース濃度の記録が目的だ。この検査記録と彼女が日常的に測定している血糖値の記録が、糖尿病の管理を助けてくれる。

「これまでとは全然違う」とエリザベスはわたしに言った。「数値は期待したほどは変わってなかった。でもね、身体の調子はずっといい。血糖値が乱高下《らんこうげ》しなくなったし、食後に意識がもうろうとすることもなくなったから」。

エリザベスは幸先がいいスタートを切ったが、近々パイロット版の番組撮影のためにハンガリーへ行くことになっていた。

「心配だわ」と彼女は言った。「ブダペストには5週間滞在する予定。あっちで健康的な食生活を送ろうと思っても難しいと思う。海外でキッチンもないし、ずっと時間に追われることになるから、ストレスも相当たまるだろうし」。

その心配は的中した。ブダペストにいるあいだ、彼女は炭水化物を控えることはとてもできなかった。ただし、一応意識はしていたので、そのぶんはマシだったらしい。彼女からメールが届いたのは出張の最後の日だった。

送信者：エリザベス
　今夜で撮影は終わり。最後の週は完全にタガがはずれちゃった。フライドポテトには手を出さなかったけど、パンとクッキーを山ほど食べた。とにかくクタクタだったの。夜中まで撮影が続いて、雪が降り、雨が降り、凍えるほど寒くて、普通のコーヒーもない。だから、もういいやって思っちゃった。でも、ＬＡに戻ったらまた低炭水化物ライフを始めます！

　しかし、出張から戻ったエリザベスにとって、炭水化物を控える食生活はひどくつらいものに思えた。

「調子はどう？」わたしは出張から戻って数週間が過ぎた頃に彼女の様子をうかがった。

「簡単にはいかない。前よりマシだけど、出張前の状態にはまだ戻れてない。85％くらいかな」

「前よりつらいと感じるのはなぜだと思う？」

「わからない。とにかく我慢がつらいの。前に炭水化物を控えたときは、そういう食べものがどれだけ好きかを忘れることができたんだと思う。でも、ゴールドフィッシュのクラッカーをまた食べたもんだから、好きだった気持ちがよみがえっちゃった。だから、食べないでいるのが本当につらい」

これはまさに、最初の一歩を踏みだしてからその習慣をやめた場合に起こる弊害《へいがい》だ。初めて習慣にするときは、たとえそれがどんなにつらいことでも、目新しさで乗り切れる。しかし、**2回めとなると、初めてのときの興奮はほとんど消え、その習慣の嫌な部分のほうに目がいく。そのうえ、やり方を忘れ、後退したかのような気持ちにもなる。**

「諦めちゃダメ」とわたしは言った。「習慣を変えるのは難しいんだから」。

わたし自身は、炭水化物を控える食生活を比較的ラクに身につけることができた。それは、次のパートで紹介する対策のおかげだ。次のパートでは、習慣を「断つ」ということを中心に見ていく。

まとめ

◎新しい知識や考えに触れて「雷に打たれた」場合、習慣を瞬時かつ簡単に変えることができる。

◎自分の意思で「雷に打たれる」ことはできないが、機会を逃さないよう意識しておくとよい。

Take Action

■これまで「雷に打たれた」ことはあるか思いだしてみる。それはどんなきっかけで、どんな習慣の変化をもたらしただろうか（例：友人の一言がきっかけでゲームに急に飽きた、本に関するコラムを読んで毎日読書するようになった）。

断つ

誰もが「絶対」欲しくならないものとは？
結局、習慣化できることに共通する条件
資産家の金庫に入っている「意外なもの」
万が一、習慣を破ったときの「条件式」
良い習慣を破壊する原因はこれだ
15分あればどんな欲求も必ず消せる
30日チャレンジは31日めですべて決まる
「めんどうくさい」「疲れた」と感じたら
習慣における諸刃《もろは》の剣《つるぎ》

Part4

良い習慣を身につけたい反面、毎日の生活はラクで楽しいものであってほしいと、誰もが思っている。しかし、この二つの欲求は衝突することが多い。

このパートでは、習慣と人間の本能について見てみる。具体的には、悪い習慣を断つ方法、それから「やりやすさ」「やりづらさ」といった習慣に費やす労力についても言及したい。そのうえで、習慣を破ってしまったときや誘惑にかられたときの対処法、さらには、良い習慣を強化する方法についても見ていく。

誰もが「絶対」欲しくならないものとは？

「楽しみを放棄するのはいいことだ。それで苦しみも去るのなら」

プブリリウス・シュルス

拒んだほうがいいとわかっていても、もう1杯ワインを飲みたい、何かを買いたい、テレビ番組を最後まで観たいといった誘惑に抗えないことは多い。

わたしが高校生のとき、上級生が卒業パーティの資金集めのために、毎週金曜日の朝にドーナツを販売していた。わたしは交代で早朝にドーナツを取りに行く係だった。古びたガソリンスタンドの一画にある小さな店でありながら、ラマーズ・ドーナツの味はカンザスシティで評判だった。わたしは当番がくると必ず、つまみ食いの誘惑に悩まされた。ずっしりと重い箱をいくつか膝の上に抱えて車で学校まで戻る道すがら、最初は一口だけかじり、それから4分の1ほど食べ、半分食べ、結局は一つ食べてしまう。食べ終えたら次のドーナツに手を伸ばす。そうやって小分けにして食べていたので、何個ドーナツを食べたかはわからない（測定を避けていたのだ）。いつも決まって同じだった。ドーナツに誘惑され、その誘惑に負け、少しだけだと自分に言い聞かせ、最後には自分を甘やかしていた。

こういう誘惑への対処法として、「量を抑えなさい。毎日甘やかすのはよくないが、自分の欲求をすべて否定してもいけない。そんなことをすれば、歯止めが効かなくなる」とよく言われる。わたしもずっと、誘惑に少しだけ身を任せるやり方を試してきたが、うまくいかなかった。ラマーズのドーナツをはじめ、さまざまなことに失敗してきた。

わたしは結局、この対処法を使わなくなった。いつしか、**誘惑は最初から断つほうがラクだと悟ったのだ。**

「ないもの」には誘惑されない

18世紀にイギリスで活躍した文学者サミュエル・ジョンソンは、友人から「ワインを少し飲め」と促されたときにこう答えた。「**少し飲むということができないのだよ。だから絶対に触らない**。わたしの場合、断つことは簡単でも、量を抑えることは難しい」。

この一節を目にしたとき、「これはわたしだ」と思ってワクワクした。これぞまさに、わたしのやり方だ。ジョンソン博士と同じで、**わたしは「断つ派」だ**。少し自分に許すより、完全に断つほうがわたしにとってははるかにラクなのだ。そしてこの違いが、習慣に大きく影響する。

習慣の形成には、自分が望む何かを手放すことがつきものなので、つねに「どうすればなるべく喪失感を味わわずに失えるか？」という難題がつきまとう。習慣にとって、喪失感は致命的だ。それを感じると、自分には埋め合わせをする権利があるという気持ちが生まれ、良い習慣を蝕《むしば》んでいく。

わたしは、何かを手放す喪失感を味わいたくないなら**最初からなくしてしまうのも一つの手だ**と思っている。不思議なことに、最初に断つと決めると、失ったという気持ちにまったくならない。わたしのような**「断つ派」の場合、全部自分から奪ってしまうほうが、エネルギーや決断する力を温存できる。**全部奪えば、何かを決断する必要も、自分を抑える術を学ぶ必要もなくなるからだ。

「断つ派」は、アリかナシかの二択で判断したほうが習慣として定着しやすい。ただ、これと対照的に**全部なくさず少しだけ自分に許すほうが習慣として定着しやすい「量を抑える派」もいる。**

断つという行為は、受けいれやすいものでも、世間に広く浸透しているものでもない。万人に効果があるものでも決してない。とはいえ、わたしのように、この方法が非常に有効に働く人も間違いなく存在する。

「断つ派」のわたしが何かを少し自分に許そうとすれば、頭のなかでさまざまな議論がわきおこる。「どのくらい許せばいいのか？」「これは『一回』にカウントされるのか？」「昨日許したのに今日も許していいのか？」と悩んでクタクタになってしまう。オスカー・ワイルドの『ドリアン・グレイの肖像』に、「誘惑から逃れる唯一の方法は、それに屈服することだ」という台詞がある。確かに、屈すれば誘惑から解放されるかもしれない。自分を甘やかすべきかどうか、なぜそうしてもいいのか、いつすればいいのか、といったうんざりする頭のなかの声も、それで消えることになるだろう。

でも、一切断つことでもそうした声は同じように消える。自分で自分に禁じたことに、わたしは誘惑されない。絶対にしないと決めていれば、迷う気持ちを自分で抑える必要もない。ラマーズ・ドーナツを取りに行っていた頃に、このことに気づいていればどんなによかったか！　わたしはいつも、2、3口だけ食べようとしていた。それが間違いだったのだ。

わたしの知り合いに、断つことで食習慣を変えた男性がいる。彼は若くスリムな体型だったので、つい最近まですごく太っていたと聞いて驚いた。「ええ、子どもの頃からずっと、減量キャンプに通うくらい太ってました」と彼は言う。しかし、何年もかけて体重を少しずつ落とし、わたしと知りあう頃には見事に痩せていた。

「最初は乳製品を断ちました」と彼は説明する。「それはあまりつらくなかったですね。コーヒーにミルクを入れない、アイスクリームを食べない、といったことをやりました。それから米を食べなくなり、次はパン。何かを断つたびに、今後絶対に食べないと心に誓いました。でも、決めたものを食べないからといって、つらいとはあまり感じませんでした。食べなくなれば、それを思い浮かべることもなくなります」。

わたしのブログに賛同の投稿があった。「最初にノーと言って話を終わりにするほうが、やめたりやめなかったりをいつまでも続けるよりずっとラクです。断ってしまえば、精神的な負担も一切なくなりますから」。これはわたしも実感していた。たとえば、わたしは以前、スイーツの類《たぐ》いを家に置かないようにしていた。そうすれば、食べたいという衝動と闘わなくてすむと思ったからだ。でも、スイーツを食べないと決めたいまは、目の前にスイーツがあっても気にならない。おかげで家族も喜んでいる。

「量を抑える派」の主張

もちろん、「断つ派」でない人はたくさんいる。**「量を抑える派」の人は、ときどき自分**

を甘やかすことで、それを手にしたときに喜びが高まり、誓いを守ろうとする気持ちが強くなる。その反面、それが二度と手に入らない、二度とできないと思うと、パニックに陥ったり反抗的な態度をとったりする。**「量を抑える派」の人は、厳密なルールを自分に課さないほうがうまくいく。**多少は許されるとわかっていれば、必要以上に欲しがることはしない。たとえ手の届くところにあっても、すぐに手を伸ばすことはないだろう。

「量を抑える派」の人からこんな投稿があった。「たまの贅沢を自分に許しているおかげで、欠乏感のようなものは感じません。『ダメだ』と言われたら、よけいに欲しくなるだけです」。わたしの経験から言っても、「量を抑える派」の人は、断とうとしないほうがいいと思う。**全部なくそうとすれば、それを手にすることで頭がいっぱいになりかねない。**

また、「量を抑える派」の友人がこんなことを言っていた。「ヨム・キプルの日（ユダヤ教の贖罪《しょくざい》の日）は断食することになっているのだけど、毎年その日になると、朝9時になる頃にはたくさん食べてしまう。普段なら、朝から何も食べていなくても何時間でも平気だし、食べてないということすら忘れているのに、断食しないといけないとなると、『食べないと』と思ってしまう」。彼の妻がさらにこう言い添えた。「ヨム・キプルの日はね、この人が一年でいちばんよく食べる日なの」。

「量を抑える派」にとっては、**最初の一口が最高で、その後、徐々に喜びの度合いが下が**

っていく。場合によっては途中で食べるのをやめることもある。「量を抑える派」の友人は「高級チョコレートを一日にひとかけだけ食べる」ことで満足できると言っていた。一方、「断つ派」の場合は、**最初の一口の後もずっと食べたい欲求が強く続く。いや、後になるほど欲求は強くなる。**だから、食べ終えた後にもう一つ欲しくなることもある。つまり、**「断つ派」は何かを手にするとさらに欲しくなり、「量を抑える派」は何かを手にすると欲しい気持ちが薄れていくのだ。**

「断つ派」のわたしは、「一口だけ」と自分に言い聞かせてはいけないと学んだ。「一口で何が変わるっていうの？」「味見するだけだから」と思ったら負けだ。フランスの文学者、ラ・ロシュフコーも記しているように、「欲求をすべて満たすことよりも、欲求を消すほうがはるかに簡単」なのだ。

断つ対象は食べものだけに限らない。量を抑えられそうにないと思えば、何にでも適用すればいい。たとえば、テクノロジーの利用を制限するのに活用している人は多い。ワードパズルゲームが大好きな友人は、携帯に入れたゲームアプリで毎晩寝る前にパズルをしていた。

「やめるしかなかった」と彼女は言う。「仕事と子育てをするなかで、本を読もうと思ったら寝る前しかないのに、わたしはその時間をゲームにあてていた。中毒になっていたのよ。本はどうしても読みたいから、休暇中に読もうと思って本を4冊買った。そのときに思ったの。ゲームをやめない限り、どの本も絶対に読めないって」。

「いずれまたゲームをやろうと思っているの?」とわたしは尋ねた。

「やらない。全部の機器からアプリを削除しちゃった」

「ゲームの時間を20分に制限したり、週に数回だけと決めたりすればできるんじゃない?」

「そんなの無理」

「断ち方」「量の抑え方」は人それぞれ

断つ派のなかには、わたしのように**断つと決めたものを徹底的に断つ人もいれば、それほど厳密でない人もいる。**父は後者で、断つのは「ほとんど」という程度だ。父が炭水化物を控えた食生活を始めてから数カ月が経った頃、わたしはこう尋ねた。「たまにデザートを食べたり、ワインやスコッチを飲んだりしてるでしょ。そのうちいまの健康的な食習慣が消えてしまうんじゃないかって心配にならない?」。わたしなら、「たまに」ではとても収まらない。

「いや。本当に、いまの食生活は永遠に続けられる」と父は言った。この答えは以前から何度も聞いている。「例外はたまに許すことにしているけれど、低炭水化物でない食事をしたら、次の食事は必ず元に戻すようにしている。だからつらくない」。自分を知ると、自分に効果的な方法が見つかるだけでなく、他人の意見に惑わされなくもなるようだ。

なかには、**状況によって「断つ派」にも「量を抑える派」にもなるという人もいる。**友人のひとりは、「マクドナルドとチーズは鬼門。一口食べたら、全部食べないと気がすまない。でも、ポテトチップスなら、食べ始めても途中でやめられる」と言っていた。また、別の友人はこんなことを言っていた。「ワインはグラス3杯飲まないと気がすまない。どうしても1、2杯ではやめられないんだ。でも、ケーキなら半分残せる。妻はケーキを絶対に残さないけどね」。

「断つ派」と「量を抑える派」の両者とも、**「自分ならではのこだわり」を満たすことで喪失感を味わわないようにする**ことができる。わたしの友人に、買える範囲でいちばん高いワインしか買わない男性がいる。「安いワインだとがぶ飲みしてしまう」と彼は言う。「でも高いワインだと、時間をかけてゆっくりと、一口一口を味わって飲む。次々にボトルを開けることもない」。別の友人はこんなことを言っていた。「バカみたいに山ほど本を買っていたら、家が本だらけになってしまった。でも、本を買うことはやめたくなかった。それが楽しみだからね。いまは、初版の本しか買わない。おかげで、本を買う喜びはそのままに、買う量はずいぶん減った」。

また、**一時的に禁じたり手放したりすることで、「受難《じゅなん》する喜び」とでも呼べるような感覚を得られることがある。**小説家のミュリエル・スパークの言葉を借りるなら、「喜びを犠牲にすること自体も当然喜びとなる」のだ。人は、断食、デトックス、通信の遮断（デジタルデトックス）といったことになると、喜んで一時的に断つ。しかもその行為が、痩せる、戒律《かいりつ》を守る、精神を整えるなどといった自分にとって価値があることに結びついていると、さらに意義深いものとなるので、心から楽しめる。楽しむまでいかなくても、続けたいという気持ちは強くなる。**受難する喜びは、自制心を鍛える格好のエクササイズだ。**

自分に対して何らかの期待を課し、それに応える。しかも、**一時的に何かを断てば、その何かを通じて得られる喜びを再認識することにもなる。**ファッション業界で働く友人は、「明るい色を断つ」と決め、1週間地味な色の服だけで通した。色に限らず、コーヒー、クレジットカードの使用などを一時的に断つと、そのありがたみがよくわかる。また、**一時的に断つことで、自分の習慣から永遠に消したほうがいいとわかることもある。**

失うのではなく、もう「いらない」

妹のエリザベスが炭水化物を控える食生活を始めてからしばらく経った頃、仕事でロサンゼルスを訪れたわたしは彼女の家に泊めてもらうことになり、近況を直接尋ねることができた。初日の朝、おかわりのコーヒーを注ぎながら、わたしは彼女に最近の食生活はどうかと尋ねた。

エリザベスはため息をついた。「あんまりうまくいってない。炭水化物を断つのはいいんだけど、食べものに変化が欲しい。だから、パスタやピザはときどき食べてる」。そして意外な言葉が続いた。「でもね、わかったことがある。わたしってね、本当は『断つ派』なのよ。わたしはフライドポテトに目がないけど、フライドポテトだけは絶対に食べない。もう二度と」。

「あなたが『断つ派』？」わたしは驚きの声を上げた。何しろ、「断つ派」「量を抑える派」という概念を見つけたとき、わたしは「量を抑える派」の典型としてエリザベスを思い浮かべていたのだ。

「そう。一気に断つほうがラクだと気づいたの。どうしても量を抑えられないものは、一切断つほうが簡単」

「でも、つねに拒み続けることになるのよ。それでも平気？」わたしはほとんど抵抗なく自分に向かって「ダメ」「やめなさい」「迷うな」と言い聞かせられるが、エリザベスは制約を嫌う。肯定する言葉を言い聞かせるほうが彼女には向いていると思っていた。

「自分を否定する言葉はかけられないから、肯定する言葉に変えるの。だからね、わたしはいつも『もうフライドポテトを食べなくていい』って自分に言い聞かせてる」「『もう食べなくていい』！　そのとおりよ」とわたしは答えた。「もう決断しなくていいし、もう罪悪感を覚えなくてもいい。パンの入ったバスケットやお菓子の入った容器が目の前にあっても、手を伸ばさなくていい」。

この会話をきっかけに、「断つ派」だと気づいていない人は案外たくさんいるのだとわたしは結論づけた。断つという言葉に厳しく窮屈な印象があるせいで、量を抑えるのがうまくいかない人でも「自分は量を抑える派」なのだと勝手に思い込む。そんなはずはないと思うかもしれないが、一気に断つほうがラクだと感じる人は、実は多いのだ。

欲求が満たされることはないという自覚が生まれれば、欲求そのものが消えていく。**欲求は、それを否定することではなく、それが現実になる可能性の存在によって強くなるのだ。**ウィリアム・ジェームズは次のように述べている。「欲求は、それが決して満たされることがなければ、驚くほどの早さで餓死する」。

以前、タバコを吸う客室乗務員を対象に、ショートフライト（3～5.5時間）とロングフライト（8～11時間）におけるニコチン渇望《かつぼう》を比較する調査が実施された。客室乗務員の欲求は、フライトの長さにかかわらず、飛行機が着陸する間際に増大した。要するに、ニコチン渇望がいつ生まれるかは、タバコを断っている時間の長さではなく、フライトが終わりに近づき、**もうすぐタバコが吸えるという事実にかかっているということだ。**

わたしは「断つ」ことで、身につけづらい習慣を身につけやすくすることに成功した。断つという言葉は厳しいようだが、実際にやってみるとそれほどでもない。確かに、万人に通用するやり方ではないが、習慣を形成する方法に、万人に通用する方法は存在しないのもまた事実だ。どの方法が適するかは人によって違う。

まとめ

◎悪い習慣のやめ方として「断つ派」と「量を抑える派」の2種類がおり、自分に合うほうを選ぶとよい。

◎「手に入るかもしれない」状態がもっとも欲求を高めさせる。

◎何かを「断つ」ときは、自分ならではのこだわりを満たすことでなるべく喪失感を味わわないようにする。

Take Action

■「すべて断つ」のと「量を抑える」のどちらが合っているだろうか？　断ちたい習慣に適用して自分はどちらか見極める。

結局、習慣化できることに共通する条件

「世間ではときとして、人は内面的な作業さえすればよいという通説が広がることがある。自身が抱える問題の責任はすべて自分自身にあり、自分を救済するためには自分が変わりさえすればいいという。だが実際はというと、人は自身を取り巻くものの影響を大きく受けて形づくられる。だから、調和のとれた状態を生みだせるかどうかは、自分を取り巻くものとの調和がとれるかどうかですべて決まる」

クリストファー・アレグザンダー
『時を超えた建設の道』

わたしはよく人から、「習慣を研究していていちばん驚いたことは何か？」と尋ねられる。真っ先に思いつくのは、**「やりやすさ」が及ぼす影響力の大きさだ。習慣の形成は、その**

行動にどれだけの労力、時間、決断が必要になるかに左右される。それはわたしたちの態度に顕著に現れていて、人はやりやすいことは積極的にやるが、そうでなければやろうとしない。

だからこそ、**習慣にしたい行動の「やりやすさ」に注意を払う必要がある。**わたしは玄関の脇にゴミ箱を置くようになってから、郵便物の仕分けを後回しにしなくなった。また、フェイスブック、スカイプ、フェイスタイム、グループチャットといった通信手段の発達により、遠く離れて暮らす家族と密に連絡をとるようになったという人も多い。

「ラク」にすると「できる」が増える

エリザベスは、食習慣の確立に「やりやすさ」の力を借りることに決めた。ブダペストでの撮影から戻ってきてからというもの、血糖値が基準値をはるかに上回る日々が続き、炭水化物を控える食生活では改善が見られない。そのため、医師から直ちに対策をとるべきだと言われたのだ。そこで彼女は、健康的な食事の宅配サービスに申し込んだ。

送信者：エリザベス
「ジェニー・クレイグ」のサービスを頼むことにしました。夫のアダムのぶんも一緒に。低炭水化物の食習慣をやめることになって本当に残念。とにかくいまは、糖尿病を何とかすることに専念します。ハンガリーでひどくバランスが崩れちゃったから。いまはこの食事療法にして、いずれ低炭水化物の食生活に戻します。はあ。

ジェニー・クレイグが提供するプログラムについて調べると、エリザベスに適したプランに思えた。低炭水化物ではないが、一般的な食事に比べれば控えめだし、何といっても一食あたりの量が抑えられている。それに、エリザベスには食事にかける手間をなくすことこそ、何よりも必要だった。血糖値をコントロールする必要があることに加え、新番組の現場責任者に抜擢《ばってき》されたため、これまで以上に忙しく、ストレスを抱えるようになっていたからだ。

わたしは初日の番組収録が終わった頃を見計らってエリザベスに電話をかけた。どうだったかと尋ねると、彼女はこう答えた。「初日のお祝いに、ＬＡでいちばんのピザがスタジオに届けられたの。おまけに、今日が誕生日のスタッフがふたりいたから、カップケーキも用意された」。

「食べたの？」

「何も食べなかった。ちゃんと守ろうと思って。職場では特にね」

「じゃあ、続いてるのね。続けられている理由は何だと思う？」

「続けやすいから」彼女は迷いなく答えた。

エリザベスはやりやすさの力を借りて習慣を大きく変えた。**やりやすさがほんの少し変わるだけでも、食べ方への影響は大きい**。たとえば、取り分けるときにスプーンではなくトングを使うと、取り分ける量が少なくなる。カフェテリアに設置されているアイスクリーム用冷凍庫のスライド扉を開けっ放しにしておく実験では、利用者の30％がアイスクリームを買ったという。しかし、扉を閉じて利用者に自ら扉を開けさせるようにすると、14％の人しか買わなかった。どちらのときも、利用者にアイスクリームは見えていた。

使いやすければ、人はお金だって使う。だから、企業はその方法を次々に編みだし続ける。レジ横に気軽に買える商品を陳列する、サインレスでのクレジットカード決済を導入する、ウェブサイトに顧客情報を保存し、「購入する」ボタンを1回クリックするだけで買い物できるようにする、という具合だ。ホテルの客室内のキャビネットには、法外な価格のミニバーが設置されている。

「やりやすさ」は貯金にも活躍できる。ブログの読者から次のような投稿があった。「15歳の頃から、空き瓶に小銭を貯めるようになりました。瓶がいっぱいになると、小銭をまとめて口座へ入金しました。この習慣が途絶えたことはなく、50年前に始めたときの瓶を末だに使っています。このおかげで、毎年３００〜４００ドルの旅行費用を捻出できています」

また、**交流関係の拡大や強化にも活用できる。**人は、苦労せずに気軽に会える人と親しくなりやすい。たとえば、職場、教室、近所で顔を合わせる人たちがそうだ。これは心理学の用語で「単純接触効果」と呼ばれ、繰り返し接していると、互いに好感が高まる。人との「接しやすさ」から、わたしは何かのグループに所属するのが好きだ。定期的に集まるグループの輪に入ると、その人たちと接する習慣が自然と生まれる。友情を語るのに「接しやすさ」をもちだすのはおかしな感じがするが、グループに属せばその人たちに会いやすくなるのは事実だ。そうして顔を合わせる機会が増えれば、親しさも増していく。１回の集まりに欠席しても、次の集まりに参加すればみんなに会える。会う計画を立てることで頭を悩ませなくていい。それに、まだよく知らない人と一緒に過ごすことになるので、自然と人間関係が広がる。大人になると、新しい友だちをつくるのは簡単ではない。「そのうち一緒にコーヒーでもどうですか？」とはなかなか言いだせないものだ。その点グループの輪に入れば、友だちづくりは簡単になる。

できない原因は「やりづらさ」？

「やりやすさ」の問題は、ジム通いが続かない理由も明らかにしてくれる。よくある例を紹介しよう。

- 家を出るときにジム用の荷物も持っていかないといけないのが面倒
- ジムでの運動に時間をとられすぎる
- 人気のクラスは席を確保するのが大変だし、器具が空くのを待たないといけない
- 器具の使い方やエクササイズのやり方がわからない
- 必要なものをいつも忘れてしまう
- シャワーを浴びるのが面倒

自分に向かって「とてもジムには通えない。だって面倒くさすぎる」と言い聞かせていては、面倒に感じないためにはどうすればいいかがわからない。ジムに通うのを**面倒くさいと感じる理由を正確に特定すれば、解決策が見えてくる。**

もちろん、ジムに通いやすい状況を整えて、それを習慣にするためには、自分が抱える問題を解決しないといけない。問題はジムではなく、ジムまで行くことにあるかもしれな

いし、運動することと自体に問題はないが、ジムですることを恥ずかしいと感じているのかもしれない。

ブログ読者の問題は次のようなものだった。「わたしが登録していたジムは店舗が複数ありますが、通うのを面倒に感じていました。でも、最近になってようやくわかりました。自宅からジムに行こうとするときもあれば、仕事帰りに直接寄ったり、恋人の家から行ったりすることもあり、そういうときはいつも、ジムに必要なものが手元になかったのです。いまは、制汗剤、ジム用シューズ、安い靴下をまとめ買いし、それぞれの場所に置いてあります。これでもう、ジムに行かない言い訳はできなくなりました」。

ジムに通う人にとっては、支払い方法も「通いやすさ」の要素となりうる。毎回行くたびに料金を支払うよりも、月額料金を納めるほうが、その場でお金を払う心配をせずにすむので通いやすいと感じる。たとえ、通う回数が少なくて月額料金のほうが割高になったとしても、無料で運動している気持ちになるからだ。


わたしは、自分が家で日々行うことをやりやすくできないかと考えた。そして、メールの返信がラクになる道を探すことにした。「会社勤めの人はメールの処理に勤務時間の28%を費やしている」と何かで読んだが、わたしはもっと費やしていると思う。返信にかかる手間を減らすため、わたしは頭語と結語を省略すると決めた。これまでのわたしの返信は、昔ながらの手紙のような書き方だった。

ピーターさん、こんにちは。
リンクを貼ってくださってありがとうございます。すぐにリンクに飛んで記事を読みますね。心からの感謝を込めて。

グレッチェン

でも、もっと簡潔に書くことができる。

ありがとうございます！　すぐに記事を読みますね。

前者のほうが礼儀正しくきっちりとしているが、文体と含まれる情報は後者も同じで、後者のほうがずっと早く書ける。この習慣を変えることは想像以上に大変だったが、しだいに簡潔に書けるようになった。
ところが、この返信が新たな習慣として根づいてすぐに、頭語と結語を省略した返信を送った読者のひとりから、次のような返信が届いた。「届いた返事が『リサさん、こんにちは』から始まらず、文末に結びの言葉や『ご質問等があればご連絡ください』といった言葉がないことに、とても興味を覚えました。失礼にあたったら申し訳ないのですが、純粋に好奇心からの質問です。頭語と結語を書かないのは、多忙だからですか？　それとも、そういう言葉を元々書かないのですか？　あなたの著作を読んで、話しかけられた相手には親しみを込めて友好的に接する人だというイメージを勝手に抱いていたもので」。

……。こちらを気遣った文面だが、要は「あなたの返事はそっけなかった」と言いたいのだ。わたしはショックを受けた。もっと丁寧な書き方に戻すべきなのか？　でも、それはしないと思い直した。そっけなく感じた読者がいるのは残念だが、わたしは読者からのメールに返信するという行為をずっと続けていきたい。そしてそのためには、返信という作業に生じる手間をできるだけ減らす必要がある。**習慣は、自分の価値観を反映するものでないといけない**。わたしは指摘をくれた女性に返信を書いた。丁重に理由を説明したが、やはり頭語と結語はつけなかった。

わたしはメールの返信のほか、携帯電話の充電もやりやすくするため、充電コードをもう1本買った。おかげでいまは、自宅で充電できる場所が2カ所ある。このちょっとした変化によって、わたしの日常生活は劇的に改善された。ブログの読者からも次のような投稿が届いた。「暗くなってからしか運動する時間がないのに、暗いとどうしてもウォーキングに行く気になれませんでした。でも、実家を訪ねて父と数週間過ごし、自分が夜の散歩をどれほど好きだったか思いだしました。そして、わたしが住む地域はあまり街灯がなく暗いので、わたしの歩く姿が周りに見えないから危ないと思っていることに気がつきました。ですから、LEDのラインが入った反射ベストを買いました。これがあるのとないのとでここまで変わるとは、思ってもみませんでした」。

しかし、「便利」をお金で買うことは、わたしのような買い控えタイプにはなかなか難しい。わたしはいつも、「**習慣となっていることがやりやすくなるのだから、賢い投資だ**」と自分に言い聞かせないと買えない。ジムには何年も通っているが、わたしはどうしてもロッカーをレンタルできなかった。自宅とジムはたった6ブロックしか離れていないからだ。とはいえ、必要なものをすべて持っていこうと思うとジムに行くのが億劫《おっくう》になるので、必要だと思っても持っていかないことが多かった。でもようやく、「いちばん大切なのは運動をすること。ロッカー代は大して高くない。しょっちゅう使うことになるのだし、ジムに通うのがずっとラクになる。だから、お金を払う価値がある」と思い至った。

「やりやすさ」と「楽しさ」

習慣となっている行動をやりやすくする方法を探し始めてからというもの、**楽しいと感じることは習慣として定着しやすい**という事実を活用している例が目につくようになった。気のせいかもしれないが、楽しい、満足できる、優れているといった要素が加わると、取り組みがラクになるように思えるのだ。

エレベーターやエスカレーターではなく階段を使うほうが健康的だと誰もが知っている。だからといってわざわざ階段を使う人はあまりいない。ところが、スウェーデンの地下鉄の駅の階段が、踏むと実際に音が鳴るピアノの鍵盤《けんばん》仕様に変わると、階段を利用する人の数が66％増えた。アムステルダム・スキポール空港では、男性用小便器の真ん中にハエのイラストが描かれた。すると、利用者はそれに狙いを定めるようになり、飛び散りが80％減少した。このような「ゲーミフィケーション」はさまざまな機器やアプリの設計にも組み込まれていて、利用する習慣が定着しやすいように工夫されている。楽しくて数回やったからといって、習慣として定着するとは限らないが、とっかかりにはなる。

また、**働く環境が素敵だと退屈な仕事も退屈でなくなり、使う道具が素晴らしいと作業が喜びになる。**こうしたことも、習慣を強固にする要素だと言えるだろう。買い控えタイプで出かけるのが嫌いなわたしは、何かとケチろうとしてしまうが、優れた道具や魅力的な作業環境のために、時間や労力やお金を投資することには価値がある。

やりやすくなる方法や楽しくなる方法を探していると、**その習慣を続ける必要がそもそもあるのかということをまずは考えるべき**だと気づいた。**無意味なことでも、簡単にできることだとつい時間を使ってしまう。**習慣的に行っていることのなかに、なくしたほうがいいことがあるかもしれない。それをなくせば、日々の生活がラクになる。**最大の時間の無駄は、する必要のまったくないことを丁寧にすることだ。**ある女性は、家族がいつも服を裏返しにして洗濯機に入れることを不満に思っていた。何度注意しても直してもらえない。すると彼女は、彼女自身の習慣を変えればいいと気づき、いまでは自分の服も裏返しにして洗濯機に入れ、そのまま畳んでいる。

わたしは請求書の支払いをする手間を減らせないかと考えた末、請求書払いを口座引き落としに変えれば請求書の処理を一切しなくてすむと気づいた。それから数カ月かけて、ほとんどの支払いを口座引き落としへと切り替えた。ものごとを簡単にするためには、何らかの作業が必要になることは多い。でも、口座引き落としのような**行動を伴わない「隠れた習慣」を確立すれば、労力や時間をかけなくても自分の知らないところで勝手にものごとが進んでくれるようになる。**

友人のひとりもそうした隠れた習慣を確立した。「子どもを大学に進学させるだけの貯金がなかった。何年も不安に思っていたけど、とうとう自動積立口座を開設したよ。毎月の給与から自動的にその口座へ振り込まれるんだ。これでもう、何も考えなくても自動的に貯金できる」。

正しいことはやりやすくする。たったそれだけで習慣が変わる。

まとめ

◎行動にどれだけの労力、時間、決断が必要になるかということが、習慣の定着を左右する。

◎面倒だと感じる要素を排除し、「やりやすく」することで習慣は身につきやすくなる。そのために必要な準備や投資を惜しまないこと。

Take Action

■身につけたい習慣をよりラクにするための方法を考える(例：外でのジョギングをやめてジムに通う、毎日お弁当をつくるのではなく週末につくりおきをする)。

資産家の金庫に入っている「意外なもの」

「実のところ、習慣は暴力的で信用ならない女教師である。密かに少しずつ、権威の足がかりを我々のなかに築いていく。この温和で謙虚《けんきょ》な始まりに慣れ、それが定着すると、すぐさま彼女の怒りに満ちた暴君の顔が露わになり、我々は視線を上げる自由すら許されない」

ミシェル・ド・モンテーニュ

『エセー』より「習慣について。容認されている法律を安易に変えないことについて」

「やりやすさ」によって良い習慣を強化できるなら、**やりづらくすることで悪い習慣を制圧できる。**ときには、敢えて不便にしたほうがいいこともある。たとえば、目覚まし時計のスヌーズ機能を使いたくないとき、わたしは手の届かない場所に時計を置く。コンピュータを2台所有している友人は「1台は仕事用で、もう1台はプライベート用」だと言っていた。「仕事以外のことにコンピュータを使いたくなったら、椅子から立ち上がってもう1台のコンピュータのところまで行かないといけない。だから、無駄なことに時間を使わなくなるというわけさ」。手間いらずの食品は「食べやすい」が、皮肉にもそういう食べものこそまさに、「食べづらくする」必要がある。フードジャーナリストのマイケル・ポーランの言葉にもあるように、「ジャンクフードを食べたいなら自分で作って食べろ」ということだ。

「衝動」に抵抗する

悪い習慣の多くに共通するキーワードがある。それは「衝動」だ。人は衝動にかられて行動すると、**欲求を満たすことを優先してしまい、長期的な影響を考慮できなくなる。**先を見据えて計画できないうえ、一度取り組み始めたら、何があっても途中でやめようとしない。また、衝動的に不安にかられると、先延ばしにしてなかなか取り組もうとしない。**衝動的に行動する度合いは人によって違うが、このときに良い習慣が破られることが多い。**

やりづらければ、衝動的に行動することはできない。その意味で、「やりづらさ」もまた良い習慣を維持する助けとなるのだ。やりづらくする方法としては、次の六つがよく知られている。

●必要となる物理的または精神的なエネルギー量を増やす（例：携帯電話を別の部屋に置く、建物内や建物付近での喫煙を禁じる）
●きっかけとなるものを隠す（例：ゲーム機のコントローラーを棚の高いところに隠す）
●時間を遅らせる（例：午前11時までメールは読まない）
●まったく違うことをする（例：おやつの時間になったらパズルをする）
●かかる費用を上げる（例：タバコを吸いたいが我慢している人を調査したところ、タバコ税の増税を喜んだという。また、ロンドンで渋滞緩和を目的とした混雑課金制度が導入されると、道路を走る車の数は減り、公共交通機関の利用が増えた）
●元から断つ（例：テレビを処分する）

たとえば、支払うのに手間がかかると、衝動買いをする確率は低くなる。友人は、クレジットカードを持ち歩かないことで衝動買いを抑えている。カードを持っていなければ、財布に入っているお金の範囲でしか買えない。ブログ読者からは次のような投稿が届いた。

「わたしは何年ものあいだ、給与を貯蓄口座に振り込んでもらい、そこから普通口座に使うぶんを移しています。お金の移動は遅れることが多いので、先のことを見据える必要があります。普通口座にお金が入るまでは、買い物はできるだけ控えます。わたしが貯金できているのは、このやり方のおかげだと思っています」。

ものを買う回数を減らしたいと思っている人は多い。そのためには、できるだけ買い物しづらくするのが効果的だ。たとえば、カートやバスケットは使わない。買い物にかける時間を短くする(かける時間が短いほど、使う金額も減る)。女性の場合は、男性と一緒に買い物に行くと、時間が短くなる。触れる、試食する、といったことをすると、買いたい欲求が生じる恐れがあるのでやってはいけない。ウェブサイトで買い物する人はワンクリックで買い物できないようにする、ブックマークはすべて消去する、サイトを訪問し終えたら必ずログアウトする、ゲストとして利用する、といったことをすれば、買おうとするたびにすべての情報を入力しないといけなくなる。少し不便になるだけでも違いは大きい。それに、買いたい衝動を抑えることよりも、ブックマークを消すほうがずっと簡単だ。

自分を変える必要はない。環境を変えればいい。

食生活についても、「やりづらさ」を見事に活用しているアイデアがたくさんある。「利き腕でないほうの手で食べる」という人や、「冷凍庫の温度を極端に下げる。そうすれば、アイスクリームがカチカチに固まるので少しずつ食べざるをえなくなる」という人もいる。また、「料理は食べるぶんしかテーブルに並べない。だから、立ち上がってキッチンまで行かないと、おかわりは食べられない」「妻が家にクッキーを置いておきたいと言うので、開けるのに苦労する袋にしまっている」「ワインだとガブ飲みしてしまうので、ウイスキーに変えてチビチビ飲んでいる」という人もいる。ある大学のカフェテリアでは、トレイを撤去している。一度にたくさんの食べものが運べなくなり、何度も行き来しないといけなくなると、食べる量が減るからだ。トレイを撤去したことで、廃棄されていた食べものの量が25～30%減少した。おそらく、学生の食べる量も減ったのだろう。

とんでもない例も一つ紹介しよう。3人の武装した男たちが、資産家として名高いアン・ベースの家に押し入って金庫を開けるよう要求した。すると金庫のなかには、数百ドルといくつかの宝石、そしてチョコレートが入っていた。困惑する強盗に対し、彼女はチョコレートを一気に食べてしまわないために金庫に入れているのだと説明したという。彼女も「やりづらさ」を活用したのだ。

もちろん、悪い習慣とわかっていても、**本気で変えるつもりがないからやりづらくしないというケースもある。**以前、友人からこんなことを言われた。「僕には、車を運転中に携帯電話に出る悪いクセがある。携帯電話は助手席に置いておくのだけど、電話が鳴るとどうしても出てしまう。自制心を高められたらいいんだけどね。そうすれば、電話が鳴っても気にならなくなるだろう？　安全にもっと意識を向けるにはどうすればいいのかな」

「自制心とか意識とかは忘れたほうがいい」とわたしは提案した。「それよりも、携帯電話をバイブにして後部座席の床に置いたらどう？　そうすれば、電話が鳴っても聞こえないだろうし、どうせ手を伸ばしても届かないし」。

「そうか」彼はがっかりしたような顔をした。それを見て、この人は電話に出る習慣を本気でなくしたいわけではないのだと悟った。

まとめ

◎悪い習慣や行動は「衝動」によって生まれることが多い。それは良い習慣を壊してしまう恐れもある。

◎「やりづらさ」を利用すると、衝動的に行動することを避けられる。

Take Action

■断ちたい習慣を「やりづらく」するための仕掛けをつくる（例：自宅にお菓子を買いおきしない、ＳＮＳのアプリを携帯電話から削除する）。

万が一、習慣を破ったときの「条件式」

「確信があって誘惑が視界に入らないときは、心からの関心事から離れるべき妥当な理由はそう簡単に思いつかない。憶測の域をまだ出ないとはいえ、なすべきことがあまりにも単純かつ明快なので、微塵《みじん》の疑いもない。魂のすべてを現実の支配するままに任せ、何をするかを直《ただ》ちに決心する。しかし、行動を起こすときがくると、結局はすべて忘れ去られてしまう」

サミュエル・ジョンソン
『アイドラー』より第27章

習慣は驚くほど強固であると同時に、驚くほど脆《もろ》い。

だからわたしは、自分にとって簡単だと感じる習慣でも、それを維持するための予防策を講じる。**誘惑に抵抗するのではなく、誘惑は生まれるものだと想定してそれを最小限に**

抑える努力をし、誘惑に負けたときの対処を考えるのだ。たとえば、わたしには運動する習慣がある。もう何年も続けているので、数日やらなかったら身体に違和感を覚えるくらいだが、この習慣ですら失いかねないという危機感をもっている。悪い習慣に引きずられる要素はどこにでも存在する。だから、良い習慣を守るためには、積極的に確かな努力を続けていくことが求められるのだ。

したたかなギリシャ神話の英雄オデュッセウスの物語は、予防策を講じる例としてよく引き合いに出される。オデュッセウスは女神キルケから、セイレーンの島の近くを通ると美しい歌声が聞こえるが、それを聞いた船員は死に至ると警告された。彼はキルケの助言に従い、セイレーンの歌に惑わされないよう、船員に蝋《ろう》で耳栓をさせ、部下に命じて自らをマストに縛りつけさせた。わたしたちは、キルケとオデュッセウス両方の役割を自ら演じる必要がある。誘惑や難題が立ちはだかると自らに警告し、それらから身を守るための予防策を講じるのだ。

実際、わたしたちの周りは誘惑で溢れている。ある調査によると、**人は目覚めている時間の４分の1前後を、何かしらの欲求に抵抗することに費やしている**という。欲求は多岐にわたるが、食べたい、眠りたい、遊びたい、性的な欲求の類いがもっとも多い。

誘惑となりうるものを無効にするには、まずその存在を認識する必要がある。予防策を講じる第一歩は、**誘惑につながる要因の排除だ。**良い習慣を壊したくなる誘惑を特定したら、その避け方を見つければいい。

いちばん簡単なのは、**隠すというやり方だ。** iPad、ワインボトル、服のカタログの山など、誘惑されそうになるものを隠せばいい。**視界から消えれば意識からも消える**ので、効果は抜群だ。

長女のイライザは、わたしの知らないうちに下校途中にお菓子を買うようになっていた。わたしがそれに気づいたのは、彼女からその習慣をなくしたいと相談されたからだ。ふたりで話しあっていると、イライザが明快な予防策を思いついた。「帰り道にレキシントンを通らない」と彼女は決めた。レキシントン・アベニューは、ブロックごとにお菓子を売る店が何軒も並ぶ通りだ。「お店のそばを通らないんなら、お菓子を買えないもんね」。

だが、誘惑は多くの場合、自分の手でコントロールすることも、避けることもできない。きっかけになるものはさまざまだ。場所、気分、時間帯、変化、周りにいる誰か、行動パターン……。つかの間の光景、音、匂いに誘惑されることだってある。

調査によると、中が見えないラップにくるまれたサンドイッチをもらった人と、透明なラップにくるまれたサンドイッチをもらった人とでは、前者のほうが食べる量が少なかったという。際限なくＣＭが流れるテレビは、ジャンクフードに誘惑されやすい人にとっては問題だ。一方、禁煙中の人にとっては、タバコのＣＭはテレビで流れないので安心だ。

ホテル業界に詳しいジェイコブ・トムスキーによると、ホテルにチェックインするときに、ミニバーを空にしてほしいと頼むアルコール依存症の人もいるようだ。

モンテーニュも次のような言葉を残している。「何ごとも、初期段階は弱く脆い。だからこそ、**最初のうちはしっかりと目を見開いていないといけない**。危険を見つけられないのなら、それはまだ小さいからだ。大きくなってしまったら、手の施しようがない」。

「万が一」に備える

自分を取り巻く環境からすべてのきっかけを排除することはできない。だから、さらなる予防策が必要だ。次は、習慣を形成しやすくなる方法を紹介しよう。どんな方法かというと、**良い習慣を維持するための詳細な行動プランを立てる**のだ。心理学者のピーター・ゴルヴィツァーはこれを「実行意図」と呼ぶ。あるいは、「行動のきっかけ」もしくは**「条件式」としても知られる**。要するに、**「〇〇が起これば、××をする」というやつだ**。

このような条件式をつくれば、習慣の維持に問題が生じた場合の対処を計画することになるので、**問題が生じている最中に決断を下す必要がなくなる**。どんな行動をとるかは、すでに決まっている。

冷静かつ客観的な頭で、事前に迷いやためらいを払拭しておくことは、立派な予防策になる。そうすれば、迷いが生じる事態が起きたときに、頭のなかで議論することなく素早く対処できる。**条件式を活用している人のほうが、そうでない人に比べて良い習慣を維持できる確率がはるかに高い。**ありとあらゆる状況を予測することは不可能だが、頭のなかで準備ができている状態が大きな助けとなるのは間違いない。ドワイト・アイゼンハワーもこう言っている。「計画そのものには何の価値もない。計画を立てることがすべてだ」。

わたしは時間をかけて、自分にとっての条件式をいくつか作成した。

- たくさん執筆したいと思ったら、インターネットが使えない図書館へ行く
- ワインを勧められたら断る（例外はある）
- 執筆しようと思ったら、メールの接続を切る
- 食事に招待されたら、家で何か軽く食べておき、お腹がすいた状態で出かけない
- 執筆中に情報を検証する必要が出てきたら、文章中に「要調査」と書いて後で調べる（執筆を中断してリサーチにとりかからない）

条件式は、もっとも重要な予防策の一つだ。これがあれば、習慣が失われる危険の高い状況に直面しても、事前に入念に考えておいた行動プランで対処できる。これらはさまざまな場面に備えてつくることができる。旅行、出張、赤ちゃんの誕生、転職、引っ越し、季節のイベントなど、用意しておける場面はいくらでもあるだろう。条件式の作成にエネルギーを注ぐようになれば、行動に注ぐエネルギー量がかなり少なくすむ。

ただし、条件式を作成するときは、精神的に消耗し、悲観的な見方が必要になると覚悟しておいたほうがいい。ルールの作成や順守を喜んでできるアップホルダー（約束を守る人）は、比較的この作業をラクに感じるだろう。クエスチョナー（疑問をもつ人）は、条件式の効果に納得できれば取りいれるだろう。オブライジャー（義務を果たす人）の場合は、「授業を休みたいと思ったら、講師に欠席の理由をメールしないといけない」というように、外に対する責任を課さないと条件式を守れないかもしれない。レブル（抵抗する人）は縛りを設けることに抵抗があるので、条件式をつくろうとは思わないだろう。

誘惑に負けたら、どうすればいい？

予防策を講じれば、良い習慣が壊れるのを防げるのはもちろんだが、**習慣の維持にくじけそうになっているときの対策としても有効だ。**それは、「つまずくことで転倒を防げることもある」や「つまずいて転倒をまぬがれれば、前に進む一歩となる」といった格言でも表されている。わたしはいつも、**つまずきは完全な失敗ではない**と自分に言い聞かせている。実際、つまずきが役に立つこともある。つまずけば、次に失敗しないためにはどこに気をつける必要があるかがわかる。習慣を形成しようとしてつまずいたときのための対策を立てるとなると、自分につまずくことを許しているように思うかもしれないが、それは違う。あくまでも、習慣を守るための手段だ。

つまずいたときは、自分を厳しく批判しないほうがいい。罪悪感や恥ずかしさを強く感じたほうが、良い習慣の維持につながると思うかもしれないが、実際はその逆だ。**罪悪感にあまり苛《さいな》まれず、失敗した自分をいたわれる人のほうが、自制心を取り戻すのがうまい。**罪悪感に苛まれて自分を責める気持ちでいっぱいになると、失敗から立ち直るのに苦労する。

つまずきを、弱さやわがままや怠惰の証だと受けとめることはない。習慣を形成する際に経験することの一つとしてとらえればいい。たとえば、処方された薬をきちんと服用しなくなった人がいるとしよう。そのことを恥ずかしいと思えば、医師に会うのを避けようとするかもしれない。一方、「そんなこともある」「誰もが通る道だ」「次からは気をつけよう」などと自分に言い聞かせる人もいるだろう。後者のように自分を励ますほうが、自分を責めるよりもはるかに優れた防止策となってくれる。

習慣を破ったことに対して後ろめたさや恥ずかしさを感じていると、その嫌な気持ちを払拭《ふっしょく》する方法を探し始める。そして、そもそも自分が嫌になった悪い習慣に手を染めてしまう。ある調査によると、自分の経済状況に不安を抱えている女性の一部は、不安から解放されたくて「買い物セラピー」に走るという。つまり、買い物でお金に対する不安から解放されようとするのだ。お金の心配をしているギャンブル好きな人もまた、ギャンブルをしてその不安を忘れようとする。先延ばしグセのある人に遅れが発生すると、作業に取り組むといっそう不安が高まるので、不安が収まるまで作業に着手しない。ブログ読者からも次のような投稿があった。「何も成し遂げていないと不安になり、不安を抑えようとマッサージを受けに行きます。でも、そうしているうちに時間がなくなり、結局何も成し遂げられません」。

いちばんの薬が毒になり、つかの間の満足が、それ以上の罪悪感、後悔、自己嫌悪の元凶になると、悪い習慣の深みへとはまっていく。**気分転換のための何かは、自分がさらに嫌になる何かであってはいけない。**

「つまずき」を予防する

つまずいて転倒を防げることはあるだろう。しかし、転倒はすべて、一つのつまずきから始まる。**そもそもつまずかないということも、とても重要なのだ。**

新しい習慣を定着させている段階は、特につまずきやすい段階とも言える。だから、**最初のうちは特に注意を払い、さまざまなことに対するつまずき防止策を講じたほうがいい。**周囲との衝突、周囲からのプレッシャー、孤独、やる気の喪失、不安に対する対策はもちろん、意外に思うかもしれないが、喜びや興奮といったポジティブな感情が起きたときの対処についても考えておく必要がある。

小さな誘惑より大きな誘惑のほうが抗《あらが》うのが大変だと思うかもしれないが、案外その逆もある。たとえば課題を抱えている学生なら、午後からビーチに行かないかと友人に誘われれば、きっと断るだろう。でも、「試合のハイライトを15分だけ見てから課題にとりかかろう」とは思うかもしれない。そうして15分経つと、もう15分だけ、もう15分だけと見る時間が伸びていき、気づいたら3時間経っていたということになるかもしれない。小さな誘惑は、柵を飛び越えてやってくることがある。

だから、つまずきはすぐに見つけることが大切になる。小さなつまずきは、「いっそのこと」という言葉のもとに、大きな転倒の原因となりやすい。**良い習慣が一度崩れると、**

小さく崩れようが大きく崩れようが関係ないという態度になるのだ。「今朝は何一つ仕事しなかった。ならばいっそのこと、今週はもう何もしないで次の月曜日からとりかかろう」。「春休みのあいだはヨガ教室に行かなかった。ならばいっそのこと、秋まで休もう」という具合だ。

友人の妻は、条件式を活用して「いっそのこと」の罠にはまることを防いだという。禁煙を始めるにあたり、彼女は夫に向かってこう言った。「禁煙を始めてから、もしわたしがタバコを吸っているところを見たら、『まだ禁煙を続ければいいんだぞ』って言ってね。すべて台無しになったわけじゃないとわたしに思いださせて」。

ダイエット中の人たちは、このパターンに特に陥りやすいように思う。たとえば、「ダイエット中なのに小さなカップケーキを1個食べてしまったのだから、もう1箱全部食べてしまえ」となる。また、ダイエットを台無しにしたと思うと、食べたものの記録もいいかげんになりがちだ。**でもそういうときこそ、測定の効果が大きく発揮される。食べたものの記録を続けることで、食べたものに対する自覚が生まれ、それ以上に重要な自制心が育まれる。**食事を記録するアプリに「ミートボール6個」と入力することが、食事を自分でコントロールしていることになる。ミートボール6個はたくさんと言えばたくさんだが、たった6個だとも言える。

友人が、ダイエットにつまずいたらどのように転げ落ちるかを想像しながら話してくれた。「つまずいたその日は、禁じていた食べものを、大急ぎで飲み込むみたいにしてできるだけたくさん食べると思う。だって、次の日からは、また正しい食生活に戻さないといけないじゃない」。

「人は一日単位でものごとを区切る傾向があるのよね。それならこういうのはどう？」とわたしは違う考え方を提案した。

「『つまずいて今日は台無しになったから、明日から元に戻そう』と考えるんじゃなくて、**一日を、午前、日中、夕方、夜に区切って考えるの。４分の１を台無しにしたら、次の４分の１から元に戻すようにすればいい。**失敗は小さいほうがいい。大きく広げちゃダメ」。

「例外」を許そう

良い習慣を時折破ることを許しても、完全に失わずにすむ方法を見つけることも予防策の一つだ。これが非常に難しい。いくら良い習慣が身についていても、破りたくなるときはどうしても出てくる。お祝いごとなど、めったにない機会のときくらいは、破りたいと誰もが思う。そういう場面での予防策として最適なのが、「**事前に例外を認めること**」だ。

そうすれば、衝動的に習慣を破らずにすむ。わたしたちは大人なので、自分で自分のルールをつくる。だから、事前に考えたうえで普段の習慣の例外をつくればいい。わたしは普段フルタイムで仕事をしているが、本の原稿を納品した日だけ、残りの時間をベッドに入って好きな本を読むことにしている。

たとえば、スペイン語を習得したいと思っている男性がいるとしよう。彼はできるだけ早く習得したいため、毎朝1時間の勉強を習慣にしている。そんな彼が、休暇で旅行に出た。そうすると、ホテルで目覚めた初日の朝に、「本来なら勉強するはずだが、旅行中なのだし休んでもいいだろう」と考えるかもしれない。このように、**その場の判断で習慣を破ると、自制心が足りないと感じるかもしれない。**そういう感情が好きな人は誰もいない。

一方、旅行に行く前に、「旅行中はスペイン語の勉強はしない。家に戻ったらすぐに再開する」と決めておくとどうだろう。**事前にしっかりと考えたうえで例外を認めたのだから、自制心は少しも失われない。**

事前に認めた例外は、思い出に残る何かをするときにつくると効果的だ。スペイン語の勉強から1年が過ぎても、この男性は「去年のあの旅行は本当に楽しかった」と旅行のことを思いだす。だからこそ、**例外を認めるときは「厳選」したほうがいい。**自分を甘やかす価値が本当にあることだけに絞るのだ。**価値があるかどうかを判別するときは、「この**

例外を認めたら、後からどう思うか？」と自分に尋ねるといい。普段の習慣を破ることにして本当によかったと思うだろうか？　それとも、例外を認めたことを後悔するだろうか？

例外は限定的だからこそ意味がある。**理由と期間が具体的に決まっているほうがいい。**そして、めったに起こらないことのほうがいい。たとえばジムを休むなら、その理由は毎週あるスタッフミーティングのためではなく、年に一度のイベントの準備のためだと意識する。ダイエットを休むなら、クリスマスシーズンではなくクリスマス当日に限定する。

予防策を講じるためには、自分自身の現実を厳しい目で見つめることが求められる。ときには、避けがたい事実を受けいれないといけないこともあるだろう。誘惑や失敗が生まれる可能性を探ることは、諦めの姿勢に思えるかもしれない。でも、それにより、つまずく恐れのあることを見つけることも、避けることも、乗り越えることも可能になる。

まとめ

◎習慣は崩れやすい。予防策として「～が起こったら～する」という「条件式」をあらかじめつくっておく。

◎習慣を破っても、後ろめたさを感じたり自分を責めたりしない。限定的な「例外」を認めると習慣を復活させやすい。

Take Action

■続けたい習慣の「条件式」と厳選した「例外」を決めておこう（例：日記を書き忘れたら翌日8時に起きて書く、ビールは飲まないが家族の誕生日は例外にする）。

良い習慣を破壊する原因はこれだ

「理性的な生き物というのは、実に都合よくできている。やりたいと思えば、どんなことにでも理由を見つけたり、つくったりすることができるのだから」

ベンジャミン・フランクリン

『フランクリン自伝』

抜け道を探そうとするのは人間の性《さが》だ。良い習慣を維持する気持ちがどれほど強くても、心からその習慣を楽しんでいても、**この1回だけそれをせずにすむ正当な言い訳はないかと探してしまう。**ちょっと頭を使えば、どんな場面にも抜け道は必ずある。

言い訳は頭をかすめるように現れることが多い。ほぼ無意識のレベルだ。それに気づけば、冷静に判断して自分を騙《だま》さないようにすることは可能だ。自分で自分を騙すと、悪い習慣に支配されてしまう。

「四つの傾向」のうち、抜け道の誘惑にいちばん苦しめられるのがオブライジャー（義務を果たす人）だ。レブル（抵抗する人）は、自分のやりたいことに言い訳を必要としない。アップホルダー（約束を守る人）とクエスチョナー（疑問をもつ人）は、自分で自分に課す期待を重視するので、抜け道に抵抗しないといけないというプレッシャーを強く感じる。しかし、オブライジャーは外からの責任が伴うことで行動を起こすので、そうした責任から逃れるための抜け道を探してしまうのだ。とはいえ、各自の傾向に関係なく、とても魅力的な抜け道はある。そういうものにすぐに気づいて対処できるよう、よくある抜け道を10種類にまとめた。

抜け道①――見返り

人は、「良いこと」をした見返りに、「悪いこと」を自分に許す。それだけのことをしたと自分に言い聞かせるのだ。いくつか例を挙げよう。

- このダイエットを始めてから着実に体重が減っているのだから、少しくらい好きなものを食べても大丈夫
- これまで真面目に瞑想を続けてきたのだから、この週末は休んでいい

●かなり節約したのだから、ワンピースを買ってもいい
●今日はこれだけ仕事をしたのだから、美味しいワインを1杯飲もう

なかでもよくあるのが、「今日はジョギングしたから、ビールを2、3杯飲んでいい」というように、運動したことを言い訳に好きな食べものやお酒を自分に許すケースだ。ときには、「悪いこと」を先にしてしまうこともある。これから「良いこと」をする予定なのだから、いま「悪いこと」をやってもいいという言い訳だ。

抜け道②──先延ばし

最初の一歩の大切さについて調べていたときに、「明日から」という言い訳を見つけた。

●1月から本気で倹約するのだから、12月は好きなだけ使っても大丈夫
●今日は一日中友だちと遊べばいい。明日から本腰を入れて論文に取り組むのだから、期日までには絶対に終わるはず
●明日からダイエットするから、今日は何を食べても平気（明日からダイエットをすると言っている人は、その日に食べすぎる傾向が強いという調査報告がある）

●上司からいつもくるのが遅いと文句を言われるが、月曜日からは必ず定時に出社するつもりだ

ブログ読者から次のような投稿があった。「わたしは新しい日、週、年を区切りに新たなスタートを切りたくなるので、明日から新しいスタートをちゃんと切れるようにと、いまあるものをすべて使い切ってしまいたくなります」。別の読者は次のように言っていた。「職場では、明日は魔法の日だと思って行動しています。明日はすべてがスムーズに進んで、好きなことができる時間がたくさん生まれるから、明日からやればいいと自分に言い聞かせてしまうのです」。

なかには、今日思い切り自分を甘やかせば、そのぶん明日は自制心が働くと自分に信じ込ませようとする人までいる。「わたしの場合は、吐くまで徹底的に飲み明かします。そうすれば、翌日にはジャンクフードや悪い習慣に誘惑されることがなくなり、良い習慣が維持しやすくなりますから。でもこれって、筋が通っていませんね。いま書いていて気づきました」。一日中テレビを観たからといって、翌日にテレビを観たい気持ちが弱まることも、仕事をしたい気持ちが強まることもない。

抜け道③——こじつけの二択化

この抜け道をわたしはよく使ってしまう。**行動を二つ並べて、どちらか一つを選ばないといけないような気持ちにするのだ。**だが実際には、その二択が成立しているとは限らない。わたしがこれまでにつくったこじつけの二択の例をいくつか紹介しよう。

- しばらく運動していないのは、執筆が忙しいから
- 原稿を整理する時間がないのは、返信しないといけないメールがたくさんあるから
- いまはいろいろと立て込んでいるから、落ち着いてから予約をとろう
- ベッドメーキングも、服を洗濯かごに入れることもできない。だって、約束の時間に間にあうように家を出ないといけないから

ブログ読者からの投稿も紹介しよう。「健康的な食生活に価値をおこうとは正直思いません。人生は短いから思いきり楽しむ、というのがわたしの信条です。恋人が『飲みに行こう』と声をかけてきたときに、『ああ、今日は行けない。レタスしか食べちゃダメだから』と言いたくないですから。でも、明日バスに轢《ひ》かれても、わたしの脳裏にレタスはよぎりません。よぎるのは、恋人との楽しいおしゃべりや笑い声です」。この読者は、人生を謳

歌することと、家でレタスを食べることとの二択を対比させているが、本当にこの二択しかないのだろうか？

別の読者からはこんな意見が届いた。「わたしはいつも、こじつけの二択を並べて仕事をしています。簡単にできて楽しい項目と、ハードルが高い項目の2種類を並べてやることリストを作成するのです。そして、簡単に楽しくできる項目を見ながら、『リストにあるからやらなくちゃ』と自分に言い聞かせて取り組みます。そうすると、時間がなくなってハードルが高い項目には取り組めません。結局、仕事をたくさんこなしているように見せかけて、大変な作業ややりたくない作業を先延ばしにしているのです」。

抜け道④――「どうしようもない」と思い込む

人はなぜか、自分の力ではどうにもならないことなのに、何とかできるという錯覚に陥ることがよくある。「わたしがずっと気を揉んでいれば、飛行機はきっと墜落しない」「このラッキーナンバーを選んでいれば、いつかロトで当たる」という具合だ。だがその反面、自分の手でどうにかできることをできないとも思いがちだ。**習慣を破らざるをえない状況だったと言い訳するときでも、大抵は自分で思う以上に自分にできることはある。**

「お気に入りのコーヒーショップで仕事をするときは、マフィンを食べないわけにはいかない」と友人は言う。「そこのマフィンは最高だから、どうしても無視できない。本当は食べたくないんだけどね」。

「違うコーヒーショップで仕事をすればいいんじゃない？」とわたしは言った。

「ああ。でも、そこがお気に入りだから」と真面目な顔で彼女は答えた。

「そうね。行くと必ず美味しいマフィンを食べるんだもんね」

「そのために行くんじゃないわよ」と彼女は反論した。そして笑いだした。「でもまあ、そう言われれば、そうかも」。

自分の力が及ばないことはあるが、たいていは単なる言い訳にすぎない。そういう例をいくつか挙げよう。

- 暑すぎる、寒すぎる、雨の日が多すぎる
- 出張に行ってばかりいる
- 怪我をしている
- 気づいたら勝手に身体が動いていた
- いまの状況では、とても良い習慣を続けられそうにない

抜け道⑤――屈服する

不思議なことに、**人は誘惑から逃げようとせず、自ら屈服することがよくある。**大学教授のリー・ビーチとG・アラン・マーラットは、そうした行為のことを「不適切に思える決断」と呼ぶ。当たり障《さわ》りがないと思える決断を下しながら、密かに抗えない状況を自らつくりだすのだ。

●ミーティングに行く前にメールだけチェックしよう。あ、この電話もいまかけて……。しまった、もうこんな時間だ。いまからミーティングに行っても意味がないな
●誰かが訪ねてきたときのために、スコッチを何本か買っておくとしよう
●仕事の前に15分ゲームをしよう。……よし、あと15分だけ延長しよう
●リラックスした状態になればアイデアがきっと出るから、ソファーに横になろう

友人がこんな話を教えてくれた。「ロサンゼルスにいる知り合いはギャンブル好きでね。最後に彼と会ったとき、『ベガスで大金をすったばかりだ』と言うから、ベガスにはもう行かないことにしたんじゃないのかと尋ねた。すると彼は、『そうだ。でも、ベガスにはギャンブルをしに行ったんじゃない』と答えた。じゃあなんで行ったんだと尋ねると、『新

車を買ったから、ドライブしたかった』と答えたんだよ。冗談ではなく本気でね」

抜け道⑥──カウントしない

人はなぜか、「この場面はカウントされない」と自分に言い聞かせることがある。 大学卒業後、シェアハウスに住んでいたわたしは、あるときハウスメイトの交際相手から、「羨ましい。僕も君みたいに、好きなだけ本を読める時間が欲しいよ」と見下すように言われた。彼はこのシェアハウスに住んでいるも同然だったので、彼の時間の使い方を見ていたわたしは「でも、あなたにも好きなことをする時間はたくさんあるじゃない。テレビでスポーツを山ほど観てるんだから」と返した。すると彼はこう言った。「ああ、それはカウントされないから」。カウントされないものなどない。

- 旅行中だから
- 体調がすぐれないので
- 家族の残りものを食べているだけ
- 酒は一切やめた。週末に友だちと出かけるときは別だけどこの抜け道は、妹のエリザベスにとっては職業病のようなものでもある。放送作家にとって、レギュラー化がかかったパイロット番組の撮影は、ワクワクすると同時に大きなストレスを感じるものでもある。エリザベスも何度か経験していて、こんなことを言っていた。「パイロット番組を撮影しているときは、『ほかのことなんてどうでもいい。撮影はまったくの別世界だから、この間のことは現実にはカウントされない』と思っちゃうのよね」。「カウントされないことなんてないのに」わたしはため息をついた。**自分で意識して「例外」をつくることはできるが、都合よくカウントされないものは一つもない。**

抜け道⑦——根拠のない決めつけ

人は、習慣に悪影響を及ぼす決めつけをすることがある。ブログ読者がわかりやすい例を投稿してくれた。「わたしはなぜか、おかしな時間の制約を頭のなかにつくってしまいます。たとえば、いまが朝の9時で、11時に約束があると、『2時間以内にどこかに行かないといけないから、大事なことには何一つ取り組めない』と決めつけて、約束の時間がくるのをただ待つだけで午前中が終わってしまうのです」。

自分の決めつけは、妥当なものだと思いがちだ。だが、はたして本当にそうだろうか？

- 急いでいるから階段は使えない。エレベーターを待つ長い列に並ぶほうが早い
- クリエイティブな人っていうのは散らかすものだ
- いつか必要になるからとっておこう
- こんなに休んだのだから、インストラクターから怒られるに決まっている
- これがあると集中力が増す

根拠のない決めつけのなかでもとりわけ厄介なのが、**「習慣としてもう定着しているからちょっと休んでも大丈夫」という決めつけだ。**「旅費の記録はもう習性になっている」「午前中の執筆は大好きだから、ぜったいにやめない」……。残念ながら、長く身についている習慣でも、想像以上に脆いこともある。だから油断は禁物だ。わたしたちはつい、自分の熱意を過信してしまう。

ブログ読者から次のような投稿が届いた。「わたしは、チョコレートクリームをもう食べないと決めました。数年後、もう自分で量を抑えられるようになったと思い、安売りのときに2瓶買いました。でも結局、2日もしないうちに2瓶とも全部食べてしまいました」。

わたしも車の運転で同じようなことをした。運転が苦手なので、ニューヨーク・シティで車を運転することは何年もなかった。あるとき、それを克服しようと思い立ち、再びハ

ンドルを握った。やはり運転は嫌いだが、せっかく免許があるのだから、週に1回は運転するようにして、怖いという気持ちを再び抱かないようにしている。でも、これまでに何度か、「前みたいに怖くない！　もう週に1回運転しなくても大丈夫なんじゃないかな」と思ってしまった。まったく困ったものだ。

抜け道⑧——他人のため

何か行動するとき、**これは誰かのためを思ってのことであって、自分のためではないと言い聞かせることがある。**また、周囲に合わせるためにそうする必要がある、と思うこともある。例をいくつか紹介しよう。

- ガールフレンドを残してジョギングに行けば、彼女が悲しむ
- 友人の誕生日パーティに行ってケーキを食べないのは失礼だ
- この習慣を変えれば、きっとイライラして家族から文句を言われる
- 取引先との食事の席で、わたしが飲まなかったらほかの人が気まずい思いをする

自分が使う抜け道について考察した読者から、次のような投稿が届いた。「わたしは自

分のやる気のなさを人のせいにしてしまいます。早起きしたときは、最高の気分になります。その時間は、頭が冴えて生産性が高くなりますから。でもわたしの眠い頭は、『わたしがベッドから出れば一緒に寝ている彼ががっかりする』というように、起きたくないのを彼のせいにしてしまうのです。また、実家に帰ると食生活が乱れることを母のせいにしてしまいます。母はわたしが健康的な食生活を送ることを応援してくれているのに、2枚めのクッキーに手を伸ばしながら、『クッキーを気に入らなかったと母に思わせたくないから』と思っている自分がいます。みんな言い訳であって、現実にはそうじゃないとわかっていますが、ほかの人のせいだという気持ちがどうしても生まれるのです」。

抜け道⑨――開き直り

抜け道は、**現状や自分自身を受けいれるというポジティブな言い訳に姿を変えることも多い**。そうすると、習慣を休むことを肯定的にとらえたり、場合によっては崇高とまで思ってしまうことがある。

- 人生は一度きりだ
- せめてやってみないと、きっと後悔する

- 特別な機会なのだから、お祝いすべきだ
- このチャンスを逃したら、永遠に手に入らない（例：ファストフード店はこの抜け道をうまく利用して、季節、行事、学校が休みの時期に絡めて、パンプキンラテやハート型のドーナツといった期間限定商品を販売している）

わたしが炭水化物を控えるようにした経緯を知人の女性に話すと、彼女は怒りだした。

「人生は一度きりなのよ！　ブラウニーを食べて人生を楽しみなさい！」

「ええ、人生は一度きり。でも、わたしはブラウニーを食べないほうが幸せなの」

これは本心だ。目の前にあることを楽しめばいいというものではない。**長い目で見て幸せになるための習慣を身につけることが真の目標だ**という人がほとんどだろう。そのためには、目の前にある何かを我慢したり、自分にいま以上のことを求めるときもある。

抜け道⑩──1枚のコイン

この抜け道は非常にタチが悪い。なぜなら、抜け道とはいえ真実だからだ。この抜け道の名称は、エラスムスの『痴愚神礼讃《ちぐしんらいさん》』に出てくる「積み重ねについて」から拝借した。

同書の脚注に次のような説明がある。

『コインが10枚あっても金持ちになれないとして、コインを1枚増やすとどうなるか？　さらにもう1枚増やした場合はどうか？　結局、金持ちにしてくれる1枚のコインがない限り、誰も金持ちになれないと言わざるをえない』。

要するに、**コイン1枚では絶対にお金持ちになれないとしても、お金持ちになるためにはコインを1枚ずつ増やしていくしかない**ということだ。

この教訓は、習慣と幸せに大きく影響するパラドクスを浮き彫りにしている。自分の行動について考えるとき、**行動の一瞬には何の意味もないが、一瞬一瞬を積み重ねると、大きな意味のあるものとなる。**コイン1枚と、1枚のコインの集合のどちらに意識を向けるかで、そのときの行動が決まる。確かに、「ジムで1回運動した」という事実は取るに足らないものだが、「ジムに行く習慣の定着」には大きな意味がある。

- しばらく放っておいたプロジェクトに今朝手をつけたところで何も変わらない
- 経費はきちんと記録すべきだけど、1枚のレシートをとっておいても意味がない
- 締め切りはずいぶん先なのに、なぜ今日レポートをやらないといけない？
- たった1杯のビールが何だっていうんだ？

コイン1枚が山になると自分に言い聞かせると、自制心を保ちやすくなる。また、山にコインを1枚足すだけで習慣は強化され、1枚引けば弱まる。つまり、コイン1枚といっても、健全な習慣そのものと、その習慣の保護と強化という、現実には2枚ぶんの価値があることになる。**「習慣を維持するための習慣」は、習慣そのものよりも重要な意味をもつのだ。**

だからこそ、**習慣をなくさないためには、形式的に維持するだけでも役に立つ。**妻が病気で毎日のジョギングに行けないなら、5分散歩に出るだけでいい。子どもが学校から帰ってきて1時間の執筆時間が確保できなければ、10分書くだけでいい。

このように、抜け道が頭をよぎっていると自分で気づくことができれば、それを拒む機会が生まれる。

まとめ

◎人は、それがどんなに良い習慣で続けたいと思っていても、習慣をやめるための「言い訳」を探しがちである。

◎「言い訳」をしていることを自覚し、その習慣を本当に失ってよいのか問い直す。

Take Action

■言い訳がよぎったら、「とりあえず」でもよいので習慣を続ける(例：今日は寒いけど、とりあえず5分だけ走ろう)。

15分あればどんな欲求も必ず消せる

「意識的に自己を否定すると、自分のことしか考えられなくなり、自分が払った犠牲が鮮明に思い浮かぶ。そうすると、目の前の目的を達成できないことが多い。最終的な目的は、まず間違いなく達成できない。必要なのは自己否定ではない。外に関心の対象を向けることだ。そうすれば、己の美徳の追求に没頭している人が、意識的な自己否定を介してしか実行できないことを、自発的かつ自然に行うようになる」

バートランド・ラッセル
『幸福論』

ある晩、わたしは新たに思いついた方法が習慣の維持に役立つかどうか調べていると夫のジェイミーに話した。あれこれ考えているときは、誰かに話したほうが理解が深まる。

「どんな方法？」と彼が尋ねてきた。

「気をそらすの」

「簡単そうだね。僕はすぐに気がそれるよ」

「そうじゃなくて」とわたしは答えた。「偶発的に気がそれることとは別なの。自分でわざと気をそらさなくちゃいけないの。なかなか難しいわよ」。

自分で自分の気をそらすと、意図的に思考の矛先《ほこさき》を変えることになり、ひいては認識も変わる。 気をそらすと、誘惑に対抗する、ストレスを最小限に抑える、気分を変える、つらいことに耐えるといったことにつながるので、良い習慣を維持しやすくなる。

もちろん、ただ気をそらせばいいというものでもない。良い習慣の維持につながる気のそらし方が必要だ。夜中にネットショッピングをする習慣をなくしたいと思っている人が、画像共有のサイトにアクセスするのは、いい気のそらし方ではない。それに、**意識だけを別のことに向けようとしても難しいので、物理的な行動を伴うほうがいい。** たとえば、近所を散歩する、大工仕事をする、猫のトイレを掃除するといったことだ。子どもとキャッチボールをするというように、自分が楽しめることであればなおよい。

気をそらすというのは、**消したい思いを抑圧するという意味ではない。** 別のことに意識的に注意を向けるという意味だ。ある思いを消そうとすると、かえってその思いが強くなり、皮肉にもそのことばかりずっと考えてしまうことがある。眠らないと翌日がつらいと考えれば考えるほど、その思いが頭から離れなくなり、結局はイライラして寝つけない。だからわたしはそんなとき、「寝ないといけない」と思うのをやめようとするのではなく、別のことに注意を向けるようにしている。

欲求と時間の関係

欲求は時間とともに強くなると思いがちだが、気をそらす何かをすると、たとえそれが強い衝動であっても、大抵は15分以内に収まるという。だからわたしは、良い習慣を怠けたい誘惑にかられたら（もしくは悪い習慣に手を染めたくなったら）、**「15分後にしよう」と自分に言い聞かせる。**15分あれば、別のことに気をそらすには十分だ。うまく気をそらせれば、誘惑によって生まれた欲求をすっかり忘れてしまうこともある。

友人の女性は、買い物中に散財したい誘惑にかられたら、場所を移動してその欲求を抑えるという。「自分に言い聞かせるの。『買い物を終えた後でやっぱり欲しいと思ったら、戻って買えばいい』って。でもその頃にはもう、その商品のことを忘れているか、戻るのが面倒になっている。買いに戻るのは、それが本当に欲しいときだけ」。

「やりたいことは15分後にやればいい」と自分に言い聞かせるほうが、「やってはダメ」と言うよりいい結果が生まれる。禁じてしまうと反動で逆効果になることもあるからだ。喪失感が生まれると、禁じられたことにますます惹きつけられてしまう。

この15分待つ作戦は、わたしが直したいと思っていた「SNSやメールを頻繁に見てしまう悪習」にも効果があった。スマートフォンやパソコンをクリックしたくなったら、「15分待て」と自分に言い聞かせる。それでも見たいと思うことはときどきあるが、すでに別のことをやり始めている場合がほとんどなので、その衝動は消えてしまう。

気をそらすおもしろい方法を、いろいろな人から教えてもらったので紹介しよう。ある人は、ワインを1杯飲んだら次は必ず水を飲む。お酒のおかわりが欲しくなったら、足の裏に意識を集中させるという人もいる。食欲を抑えるには、グレープフルーツやペパーミントの匂いを嗅《か》ぐといいという話も聞いた。間食を避けるために手を動かすという人は多い。「マニキュアを塗れば手がふさがる」と友人のひとりが言っていた。「それに、ネイルが乾くまで何も食べられない」。

気をそらす対象は、苦痛を感じることや心が乱されるものよりも、入り込みやすいものや楽しい気持ちになるものがいいという。それは当然だろう。映画を観るなら、『シンドラーのリスト』よりも『シュレック』のほうがいい。

気をそらすことで、厳しい批判を受けたときの動揺も静まる。ブログ読者から送られてくるメールは、たいていは思いやりがある。少なくとも、建設的ではある。でも、ある1週間のうちに、わたしの容姿を攻撃する人とサイトについて揶揄《やゆ》する人が現れた。

そういう類いのメールが届いたら、わたしは努めて穏やかな文面で返信することにしている。ときには、そういう人から心のこもったメールがさらに届くこともある（辛辣なメールを送ってきた3年後に謝罪のメールを送ってきた人もいた）。返信する前に気持ちを落ち着かせようと、わたしは気をそらすことにした。サイエンス・デイリーのウェブサイトをのぞいて、自制心をもって行動できるようになるためのヒントを探した。

また、携帯電話を使って沈んだ気分から気をそらそうとした友人もいた。彼は葬儀に出席することになったため、大事な打ち合わせに来られなくなった。「明日の午後にどうなったか電話が欲しい」と彼は言った。「できないわよ！」とわたしは言った。「お祖母さまの葬儀を抜けることになるじゃない」。

「いや、だからこそ電話してほしいんだ。葬儀から気がそれるから」

わたしはときどき「ダメな状態」になることがある。クタクタに疲れきっているのに、なぜか神経が高ぶって眠れない。そういう状態になると、楽しくもないことにふけってしまう。つまらないテレビ番組を観る、退屈な本を最後まで読み切る、美味しくもないものを食べる、興味もないサイトをクリックして回る、極めつけは、すでに読み終えた雑誌をパラパラとめくることまである。

「いい状態」のときは何ごともスムーズに進む。時間はあっというまに過ぎても充実感があり、エネルギーがわいて活力がみなぎる。一方、ダメな状態のときは時間に対する感覚がなくなり、口が半開きのまま椅子に座っている自分に気づいて、時間を無駄にしたと後悔する。だから、ダメな状態になる兆候に目を光らせるようにしている。椅子から立ち上がるのも億劫になり、何にも関心をもてない状態になっていると気づいたら、その状態から抜けだすために必死で気をそらす。ありがたいことに早くベッドに入る習慣には、ダメな状態に陥る頻度を減らすという嬉しいおまけがついてきた。クタクタに疲れきった状態でも夜更かししなければ、ダメな状態には陥らない。

「気をそらす」ときの留意点

気をそらすことは良い習慣の維持に役立つとはいえ、当然ながらデメリットもある。たとえば、わたしは仕事中に新着メールを知らせる音が鳴ると、仕事に集中できなくなる。メールが届いたとわかれば、読まずにいるのはすごくつらい。だから、数分使ってメールの着信音をどうにかして消した。また、仕事中に気がそれないようにするため、執筆は仕事部屋ではなく自宅近くの図書館で行うようにもしている。オフィス勤めではないので同僚の邪魔が入ることはないが、自宅でも邪魔が入る可能性はある。でも図書館なら、電話もドアベルも鳴らないし、メールも届かない。

自宅のワンルームマンションを仕事場にしている友人は、昼寝とつまみ食いの誘惑を避ける方法を編みだした。毎朝起きるとベッドを整え、朝食を食べ、その後は仕事に没頭する。ベッドに座ることも、昼食の時間を除いてはキッチンに入ることも自分に許さないという。作家のジーン・カーは、執筆時間の半分を自家用車のなかで過ごした。そこにいれば、４人の幼い息子に邪魔されることはないし、書く以外にすることもない。

図書館を仕事場にすることで邪魔が入る問題は解決したが、あるとき、自宅でも仕事ができるよう自分を鍛える「べき」ではないかという思いが頭をよぎった。メールやＳＮＳの誘惑に対抗できるだけの自制心を身につけるべきではないか？　荷物を抱えて図書館に行かなくてもすむくらいに、自分で自分を管理すべきではないか？

でもすぐに、それは違うと思い至った。いまの仕事の習慣はすごく自分に合っている。自宅にいるときは、メールやＳＮＳなど、オンラインが関係する仕事に取り組み、執筆に集中したいときは図書館へ行く（コーヒーショップのときもある）。なぜ無理に変える必要がある？　わたしは図書館が大好きだ。そこで仕事をすることが楽しい。自宅のマンションから1ブロックの距離なので、移動する時間も大してかからない。新鮮な空気を吸って太陽を浴びながら歩くのもいいことだし、往復の途中でちょっとした休憩をとることだってできる。

それに、わたしは自分のことを知っている。家でネットの利用を制限しようと思ったら、かなりの自制心が必要になるだろう。でも図書館にいれば、ネットに誘惑されることは絶対にない。自制心を無駄に費やす必要がどこにある？　**自分を変えるより、自分の環境を変えるほうが簡単だ。**

また、**短い中断時間を設けると、ほかのことに気をとられにくくなる。**長時間集中したいときに短い休憩をとって別のことをすると、集中力が長続きするのだ（あくまでも短い休憩であること）。友人は、行き詰まるとジャグリングをする。「休憩に最適」だと彼女は言う。「楽しいし、身体を動かすし。かなり集中力もいるけど、頭は使わないし。それに、あまり長くはできないから、休憩も長くならない」

わたしにもこの類いの習慣がある。図書館のなかを歩きまわって、目を引くタイトルの本を探すのだ。わたしはそれをするのが大好きで、この方法でたくさんの良書を見つけてきた。これは悪い習慣だと思っていたのだが、そうではなく良い習慣なのだと認識を改めた。時間を無駄に使っているように思えていたが、実は最高の気分転換になっていたのだ。実際、わたしは3時間続けて書くことはおろか、45分も続かない。たびたび休憩をとらないと、もたないのだ。長く続けるために、ときどき休むことを自分に許す。わたしにはこのやり方が合っているようだ。

まとめ

◎どんな欲求も大抵15分以内に収まる。15分だけ別のことをして気をそらせば衝動に打ち勝つことができる。

◎自分の価値観を変えて欲求をコントロールするよりも、環境を変えて気をそらすほうがラクでよい。

Take Action

■強い欲求や衝動に襲われたら、「15分後にしよう」と言い聞かせて別のことをする。

30日チャレンジは31日めですべて決まる

「うまくできたことのご褒美は、それを成し遂げられたことである」

ラルフ・ウォルドー・エマーソン

講演「ニューイングランドの改革者たち」

一日も休まずに瞑想を続けるようになって数カ月が過ぎると、毎朝クッションに身体を預けることをバカバカしいとは一切思わなくなっていた。とはいえ、自分の何かが大きく変わったとも感じられず、しだいに5分の瞑想がつまらないものに思えてきた。ある朝、瞑想の姿勢になって携帯電話のアラームをセットすると、なぜか突然無性に立ち上がりたくなった。

その朝は心を空っぽにすることはできなかった。わたしは早朝の日差しのなかに座って、瞑想せずに瞑想の習慣について振り返っていた。わたしが瞑想を続けてきた理由は二つある。一つは、身についた良い習慣は気まぐれに破るべきではないと思っているから。「一度決めたら迷うな」というわけだ。もう一つは、瞑想が習慣として定着したので、それをしないと一日が始まらない気がするからだ。習慣には、こうした気持ちにさせるだけの力がある。**良い習慣に縛りつけるとともに、悪い習慣にも縛りつける力をもつ。**

瞑想によって、自分では気づかないうちにどこかが変わっているのかもしれない。瞑想のための努力を続けているのは、それだけ瞑想を必要としているからかもしれない。このまま続けていれば、大きな変化が起こるかもしれない。いや、どれも違うかもしれない。

アップホルダー傾向のわたしは、「ずっと真面目にやってきたのだから、一日くらい休んでしまえ！」といった気持ちになったことは正直言ってない。でも、「瞑想を真面目に続けているのだから、自分に何かご褒美をあげたほうがいいかも」と思ったことはある。そして、このような考え方がなぜか危険に思えたのだが、その理由はわからなかった。**何かをした見返りとして自分にご褒美を与えることは、やる気を維持させる良い方法ではないのか？**

そうやって考えていると、幸いにもアラーム音が聞こえ、わたしはそこで立ち上がった。

このとき生じた考えと、友人の一言をきっかけに、わたしはご褒美とそのリスクについてじっくりと考えることにした。友人の言葉は次のようなものだった。「ダイエットをしているのだけど、目標体重まで痩せたら、美味しいチョコレートケーキをご褒美に食べるつもり」。この計画がダイエットという本来の目的を台無しにするものだということを別にしても、わたしにはそれがダメなアイデアに思えた。いったいなぜなのか？

ご褒美は、誰もが経験し、良い行いを促す手段としてよく使われている。あまりにも身近に感じられるため、有効だと思いがちだ。だから、「ジョギングしたらビールを飲もう」となる。

でも、それで本当に習慣が身につくのだろうか？　良い行いをした見返りにご褒美を与えることは、表面上は理にかなっているように思える。でも、ご褒美について考えれば考えるほど、わたしは懐疑的になった。そしていろいろと調べた結果、**習慣の形成にとって、ご褒美は危険だ**という結論に達した。

ご褒美は習慣の大敵

まず、ご褒美を与えるようにすると、**それをやりたいからではなく、ご褒美が欲しいという理由でやるようになる**ので、習慣にしたい活動に、義務感、喪失感、犠牲といった感情が結びついてしまう。ご褒美が招くこのリスクについてはかねてから立証されていて、外的な要因によって生じる動機と内的な要因によって生じる動機の違いが関係している。
外的な要因の動機は、することで何かしらの報酬（アメ）が得られるときや、何かしらの罰（ムチ）を避けられるときに生じる。一方、内的な要因の動機は、**その活動をやりたいと思ったときに生じる。内在する動機から行動するほうが、習慣としてはるかに定着しやすく、それをしたときの満足度も高い。**組織のあり方について研究するトーマス・マローンとマーク・レッパーは、内在する動機の源となるものを次のように特定している。

チャレンジ精神：人は、難しいが不可能ではない目標を達成することに、個人的な意義を見いだす
好奇心：人は、新たな学びに関心を抱き、喜びを見いだす
コントロール欲：人は、自分でコントロールしているという感覚を好む
空想：人は、想像力を使って自分の行動をより刺激的なものにしようとする
協調性：人は、誰かと一緒に何かをすることで得られる満足感を好む
競争心：人は、誰かより自分のほうが優れていると実感したがる
承認欲求：人は、自分が達成したことや貢献したことに気づいてほしがる

どれが自分に働くかを知るには、「四つの傾向」が役に立つ。アップホルダー（約束を守る人）は、コントロール欲を満たすことになる習慣に大きな魅力を感じやすい。クエスチョナー（疑問をもつ人）は好奇心が満たされること、オブライジャー（義務を果たす人）は協調性が満たされること、レブル（抵抗する人）はチャレンジ精神が満たされることに魅力を感じるだろう。

内在する動機の影響のほうが大きいというのに、**人はしばしば、外的な要因（アメまたはムチ）に頼って自分もしくは自分以外の誰かを行動に駆り立てる。**だが、外的な要因による動機は、内在する動機を弱める。つまり、ご褒美を与えることによって、自発的に動いていた熱心な参加者がやる気のない賃金労働者に変わってしまったり、楽しみが退屈な仕事に変わってしまったりするかもしれないのだ。

ペンで色を塗ることでご褒美をもらった子どもは、もらえると思っていない子どもに比べると、その実験の後に色塗りに使う時間が少なかったという。「ご褒美をもらえないのに、なぜ色を塗るのだ？」と考えるようになったのだ。おまけに、ご褒美をもらった子どものほうが、もらえると思っていない子どもよりも塗り方が雑になった。

また、わたしが訪れたある大企業は、健康についての講演への参加率を高めるために、出席するたびに商品と交換可能なポイントを付与している。ポイント制度がなくなったら、はたして社員たちは講演に参加するだろうか？

わたしの妹は、かつてこんなことを言っていた。「欲しい人材は自分から手を挙げる人。誰かに採用された人じゃない」。

ご褒美がもらえるとなれば、健全な習慣をすぐにでも始めることになり、そのうちご褒美がなくても定着するのではないか、と思う人は多い。だがそうはいかない。**ご褒美がなくなったとたん（ときにはその前に）、行動をやめてしまうことがほとんどだ。**運動／瞑想／禁煙をすればお金がもらえると言われて始めても、お金をもらってしまえばやめてしまう恐れがある。健康診断を受けた社員に会社が１２０ドル渡せば、報酬なしで健診を受ける社員はいなくなるだろう。長女のイライザに、本を1時間読んだらテレビを1時間観てもいいと言ったところで、彼女に本を読む習慣は生まれない。読書よりテレビを観るほうが楽しいことなのだと、娘に思わせるだけだ。

ご褒美には、**習慣を弱めるという悪影響もある。**ダイエットのご褒美にチョコレートケーキを食べると言っていた友人がいい例だ。わたしがそのご褒美はよくないと思うと伝えると、彼女は「それでは5キロ痩せたご褒美を何にすればいいのか」と反論した。

わたしは笑いながらこう答えた。「5キロ痩せたことがご褒美じゃない！」

ご褒美が習慣にとってリスクとなる理由はほかにもある。**ご褒美を自分に与えるとなると、決断が必要になる**のだ。習慣は、決断せずにできることだとわたしは思っている。「今日は自分にご褒美をあげてもいいか」「これをしてもいいか」「お金をもらえるようなことをしたか」「これはご褒美にカウントすべきか」といったことを決断するとなれば、貴重なエネルギーを消耗することになる。**習慣にしたい行動ではなくご褒美のほうに意識が向くので、結局は習慣を形成する邪魔になる。**

わたしが習慣とする行動をとるときは、何も決断しないと決めている。頭のなかで議論することも、評価することも、ご褒美もない。歯を磨く、車に乗ったらシートベルトを締めるといったことにご褒美を与えないのと同じで、雑事をこなす、運動する、ブログを投稿するといったことは、ご褒美に値すると思っていない。わたしにとって、それらは自動的に行う習慣だ。

ご褒美と新たなスタート

ご褒美がリスクとなる理由はまだある。**ご褒美は「ゴール」になる危険性がある。**ゴールの設定は、特定のゴールを達成する場合には確かに役立つ。また、**習慣の形成に役立つとも思われているが、実際には習慣を壊す恐れがある。**

ある友人は、わたしに次のように言った。「マラソン大会に向けてトレーニングしていたときは、走ることに夢中だった。最高だと思ってた。あんまり一生懸命なもんだから、周りに心配されたよ。自分のことをランナーだと思っていたし、永遠に走り続けるとも思ってた。そしてマラソン大会が終わると、アフターケアの勧めに従って2週間走るのをやめた。そしたら、なぜかそのまま3年も過ぎてしまった」。

わたしにはこれが理解できなかった。特定のゴールに向かって同じ行動を繰り返していれば、それが習慣となるのではないか？　それで得られる充実感が、習慣を強固にしてくれるはずではないか？　ゴールを達成するというご褒美によって、それを続けていく精神力が高まるはずではないか？

その後ようやく、わたしは完全に理解した。**ゴールを設定すると、それが停止地点となるのだ。**一度とまると、また一から始めないといけない。一から始めることは、続けることよりも大変だ。それは最初の一歩について調べたときに判明している。ゴールが大きなものであるほど、そこで終わってしまう確率は高くなる。一から始めるのに必要な労力も大きくなる。**特定のゴールを設定して一時的にモチベーションを高めると、ゴールを達成したときに新たなスタートを切ることになり、それが習慣の形成を邪魔するのだ。**

もちろん、ご褒美が特定のゴールを達成させる助けとなるのは紛れもない事実だ。しかし、習慣の形成という面から見ると、その目的は習慣を永遠に続けることであり、よりよい生き方に変えることである。壮大な提案を書き上げることではなく、永遠に毎日書き続けることである。マラソン大会に出場することではなく、永遠にトレーニングを続けることである。禁煙を試みた人を対象にした調査によると、進捗を毎週報告することでご褒美をもらった人は、そういう干渉を一切されなかった人に比べて禁煙が長く続かなかったという。また、シートベルトを締めることでも同様の実験が行われたところ、ご褒美をもらった人のほうが締める習慣が長続きしなかった。

ゴールに到達して一から始めるときにエネルギーが必要となることを別にしても、ゴールを達成したという事実そのものにも問題がある。**人は成功したと思うと、それ以上前に進むのをやめてしまう**ところがある。まさにそのとおりになった男性の例を紹介しよう。

彼はわたしに30歳になるまでに腹筋を六つに割る目標を立てたと聞かせてくれた。「30歳の誕生日までに腹筋を六つに割りたいと思っていたんだ。その頃に結婚する予定だったし」

「ねえ」わたしは彼の言葉を遮《さえぎ》った。「もしかして、目標は達成したけれどいまはもう維持していないんじゃない？」

「まあ、そのとおりだね」と彼は認めた。そんな彼は行動経済学の研究者である！

同じ行動を繰り返し続けていれば、自然と習慣になるとつい思ってしまうが、そうはいかないことが多い。1カ月間執筆を毎日続けて5万ワードの小説を書き上げるというプロジェクトがある。知り合いの男性は、このプロジェクトに参加すれば強制的に毎日書くことになるので、執筆する習慣が身につくと思って参加した。でもその1カ月が終わると、書く手がとまった。彼の努力はゴールの達成に向けたものであって、習慣を確立するためではなかったのだ。

ゴールを決めると、永遠に続けたいと思っている行動に、「始まり」と「終わり」ができる。そしてその「終わり」を迎えると、永遠に終わってしまうことがほとんどだ。何かで読んだのだが、妊娠をきっかけに禁煙した女性の60～70％が再び喫煙を始めると知ってわたしは驚いた。何カ月もタバコを吸わず、中毒性のある薬物が体内から排出されたにもかかわらず、妊娠が終わると再びタバコを吸い始めるのだ。

ゴールに到達したご褒美は、とりわけ「ダイエット」をしている人にとって最悪だ。ダイエットをしている人は多いが、その成果の記録はひどいものだ。カロリー制限ダイエットに取り組んだ人を長期間にわたって調査した研究によると、**3分の1から3分の2の人が、一度は痩せてもその後ダイエットする前より体重が増えたという。**なぜそうなるのか？

おそらく、ダイエットにあたって目標体重を設定することを勧められ、目標体重に到達したとたん、ダイエット前の食習慣に戻ってしまうのだろう。

ブログ読者からもこんな投稿があった。「ウエディングドレスを着るために低炭水化物ダイエットを始めましたが、結婚式が終わったとたん、食べたいものを好きなだけ食べました。その後体重は元に戻ってしまいましたが、また低炭水化物ダイエットを始めようとはとても思えません。結婚式という目標がなくなってしまったのですから」。健康的な体重を維持するためには、一時的なダイエットではなく、食習慣を永遠に変えることが必要なのだ。

ご褒美を使ってもいい場合

とはいえ、**新たなスタートを次々に切るエネルギーがある人もいる。**そういう人は、ゴールにそれだけの価値を見いだせればスタートを切る。膝を手術した友人が、その後何カ月ものリハビリに耐えたときの話を聞かせてくれた。

「リハビリは本当につらかったでしょう」とわたしは言った。「元々、ジムにすら行きたがらなかったものね」

「ええ、でもいまは、定期的に通ってる」

「どうして続けられるようになったの？」とわたしは尋ねた。

「目標があったの。子どもたちと一緒にスキーへ行くっていうね。リハビリをしなければ、スキーに行けないとわかってたから」

「その目標がなかったとしても、リハビリを続けていたとは思わない？　だって、リハビリをしなかったら、膝が元どおりにならないかもしれないじゃない。それって一大事でしょ」

「何とも言えないわね」と彼女は言った。「あの何カ月ものあいだ、週に何度もリハビリに通ったかというと、そうは思わない。週に一度なら行ったかもしれないけど」

「でも、家族とのスキー旅行という目標があったから続いた」

「そう。先週にね、家族みんなでスキーに行った」

「目標は達成しちゃったのね。今後もジムに通うつもり？」

少し間をおいてから彼女は言った。「通うと思う。だって、新しい目標ができたから。今度は身体を引き締めたいと思っているの」。

数カ月が経ち、まだジムに通っているかと彼女に尋ねると、次のような答えが返ってきた。「もちろん！　新しい目標（ハネムーンのときに着ていた服が余裕で入る体型に戻すこと）があるから、ちゃんと続いているわ」。

わたしは彼女の意志の強さを尊敬する。彼女にはこのやり方が向いているのだ。世の中には、**習慣を形成せず次々に目標を立てる人もいる**のだと知った。また、この友人はクエスチョナーでもあるので、次々に目標を立てることが、自分の行動に正当化や理由づけを求める気持ちを満たしてくれるのだと思う。次々に目標を定めてそれに向かって努力するなど、わたしにはとてもできない。それよりも、習慣を確立してそれを守るほうがラクだ。そう思うのは、わたしがアップホルダーだからだろう。

ゴールに向かってジャンプするほうがいいという人は確かに大勢いる。**期間を決めて集中して取り組むと、新たな習慣を幸先よく始めたり、既存の習慣に新たなエネルギーを注ぎこんだりするのに役立つ。**たとえば、特定のことに30日間取り組んで、新たな行動習慣を身につける人は多い。ただし、30日やり終えたら、ゴールに潜む難関を意識したほうがいい。そうすれば、ゴール到達後も良い習慣を維持するための努力を払うようになる。本当に習慣として定着するかどうかは、31日めにかかっている。

新たな行動習慣を身につけたいなら、予防策として紹介した条件式を活用するとよい。**ゴールに到達した後にどうするかを、事前に決めておく**のだ。膝を手術した友人のように新たなゴールを次々に設定してもいいし、ゴールした翌日からその習慣をどう扱うかを決めてもいい。

良い習慣＝ご褒美

ご褒美は習慣の形成にマイナスに働く恐れがあるため、わたしはご褒美をモチベーションにしたくなかった。だが、ご褒美をその行動の外に見いだそうとすれば、習慣は弱まるが、**行動そのものにご褒美を見いだせば、習慣は強化される。**

友人から「酒の量を控えたいから、1カ月禁酒しようと思う。そのご褒美に、iPadを買うんだ」と聞いたとき、わたしは自分のご褒美に対する考え方を彼にも勧めた。

「お酒をやめたら、そのぶんお金が浮くでしょ？」

「それは間違いない。レストランやバーでたくさん使ってるから」

「浮いたぶんのお金でiPadを買っても、それをご褒美と呼んじゃダメ」

「どうして？」

「ご褒美には行動に対する姿勢を変えてしまう力があるの。だから、禁酒しても、どこかの時点できっと、『禁酒しているのはiPadが欲しいから』という考え方に変わってしまう。そうじゃなくて、『禁酒するのは健康でいたいから。もっとエネルギッシュになりたいから。もっと自分で自分をコントロールしたいから。おまけに、浮いたお金で好きなものまで買える』と考えるようにするのよ。こういう意識でいると、お酒を飲むことに対する考え方も変わってくると思う」

良い習慣は、習慣そのものがご褒美になるのだ。ある会社では、会社のジムを年間に75回以上使えば、翌年のジムの年会費が無料になる制度が設けられている。これは、測定、責任意識、やりやすさ（無料で使えると便利に感じる）、ご褒美を組み合わせた素晴らしいシステムだ。運動することのご褒美として、さらに運動することを提供しているのだ。

良い習慣にはその行動特有のメリットがあるが、**その習慣を守り続けるだけで、成長しているような感覚も味わうことができる。**たゆまぬ成長にゴールはいらない。

まとめ

◎習慣の見返りに得られる「ご褒美」をつくってはいけない。ご褒美を得ることがゴールになり、習慣として根づかなくなる。

◎良い習慣を続けることで得られる成果そのものがご褒美である。

Take Action

■習慣の見返りにご褒美をつくっている場合は今すぐやめる。

■習慣そのものによって得られることは何か書きだしてみる。

「めんどうくさい」「疲れた」と感じたら

「幸せな人生を送る秘訣の一つは、ささやかな贅沢を絶えず自分に許すことだ」
アイリス・マードック
『海よ、海』

この数カ月のあいだにわたしが新たに始めた習慣はたくさんある。アップホルダーであるわたしは、自分の習慣として受けいれたことは永遠に続けようと思っている。とはいえ、わたしのようなタイプの人間でさえ、習慣を続ける努力にうんざりすることはある。

そういうときは、贅沢《ぜいたく》作戦の出番だ。**ご褒美は何かの見返りにもらうなどの理由がないといけないが、「贅沢」は違う。自分がそうしたいという理由だけで自分に許す、小さな喜びやわがままだ。**手にするために「いい子」になる必要はない。見返りに何かをする必要も、理由もいらない。良い習慣を形成しようとすると、精神的または肉体的な消耗が伴う。**自分に贅沢を許すと、エネルギーが満たされ、自分を大事にしていると実感し、充実感が生まれる。それによって自制心が高まり、健全な習慣を維持しやすくなる。**実際、自分へのプレゼントが届く、愉快な動画を観るといったささやかな贅沢を手にした人の調査を行ったところ、自制心が高まったという。わたしも日中に友人とコーヒーを飲むと、その後に待ち受ける雑事が捗ると実感している。

仮に、自分に一切の贅沢を許さないと、気持ちが沈み、イライラして怒りっぽくなり、自分を甘やかすことを正当化したくなる。心地よさを強く求めるようになり、たとえ良い習慣を破ることになっても、心地いいと感じることを何でもやろうとしてしまう。

あなたにとっての贅沢は何か?

わたしは良い習慣を強化するために、健全な贅沢の一覧をつくろうと考えた。ただし、その作業は簡単ではない。贅沢として知られていることのほとんどは、コストが発生する。

わたしは、自分に許す贅沢についていろいろな人に尋ねてまわった。すると、独創的な贅沢の仕方が集まった。美術、料理、旅行に関する本に目を通す、散歩中に写真を撮る、昼寝をする、犬や猫と触れあう、アウトドアショップをぶらぶらする、家族との写真を収めたアルバムを見る、ライブを観に行く、野球を観戦する、塗り絵をする、遊園地に行く、新しいマジックの技を覚える……。このように**自分にとって負担の少ない贅沢をいくつか見つけておくことが大切だ。**友人のひとりはこんなことを言っていた。

「子どもを学校に送りだした後、毎日20分だけベッドに戻るの。そのまま眠るときもあるけど、眠れないときはただ横になっているだけ。それでもちゃんと9時に出勤しているわ。このささやかな贅沢をすると、本当に幸せな気分になる」ロンドンに住む男性の贅沢は、次のようなものだった。「カレンダーには予定がびっしり入っているけど、1日に2回、座ってエスプレッソを飲みながら、愛読紙を読む時間を15分設けている。その時間には、メールもチェックしないし仕事もしない。それ以上の休憩は欲しくないけど、その2回の時間がないのは我慢できない」。

わたしは自分にとっての贅沢をリストアップした。特にお気に入りの贅沢は、図書館に行くことだ。読みたい本のリストをつくっておいて、各本の整理番号を調べ、自分でどこにあるか探して見つけることが、わたしにとっての楽しみなのだ。また、ベッドに早く入ることを嫌う人もいるが、睡眠はわたしにとってとても贅沢なことなので、わたしはまったく厭わない。早くベッドに入ると、この上ない贅沢を味わっている気分になる。

好きな匂いを嗅ぐと、間違いなく贅沢な気持ちになる。グレープフルーツのみずみずしい香り、洗いたてのタオルの心地よい香り、ホームセンター特有の匂いがすると、わたしはとたんに嬉しくなる。大好きな香りがしたら、自分はいま贅沢を味わっているのだと自分に言い聞かせるようにしている。

結局、自分が「贅沢」と呼べば、それが自分にとっての贅沢となるのだ。どんなに自分が好きなことでも見過ごすのは簡単だ。自分が何に喜びを感じるかを認識したうえで、それを楽しむほうがずっと贅沢に感じる。ハーブティーやきれいに削られた鉛筆といった些細なことですら、贅沢になるかもしれない。

ときには、**習慣としてなかなか定着しない行動を自分にとっての贅沢にみなしてもいい。**ブログ読者の意見を紹介しよう。「わたしはずっと、運動を『自分がすべきこと』だと思っていて、なかなか習慣にできませんでした。そこで、毎日のウォーキングやクロスカントリースキーを贅沢だと思うことにしました。責務に追われる毎日のなかで、それらをするときが唯一の自分の時間だと思うことにしたのです。そうすると、運動を優先できるようになりました」。

幼少時代に味わった贅沢には特別なパワーがある。わたしが小さいときは、炭酸飲料はめったに飲ませてもらえず、本も図書館になかった場合にしか買ってもらえなかった。ところがいまのわたしはどうか？　飲みたいときにダイエット炭酸飲料を飲み、欲しいと思う本を好きなだけ買う。だから、**子どもがいる人は、何を贅沢とみなさせるかを真剣に考えたほうがいい。**

贅沢と「四つの傾向」

贅沢な行動に時間やお金やエネルギーを費やしやすいと思う人もいれば、抵抗を感じる人もいる。それは、各自の傾向による。レブル（抵抗する人）は積極的に贅沢をする。アップホルダー（約束を守る人）であるわたしは自衛本能が強いので、贅沢をするときは、「これ以上はもう無理。仕事の手をとめて、1時間ほど本を読もう」と言い聞かせることになる。

クエスチョナー（疑問をもつ人）は納得のいく理由がないと行動しようとしない。だから、軽率な判断や気まぐれで贅沢をしたいのではないと思えることなら自らやろうとする。たとえば、「マッサージをしてもらえば免疫機能が高まる」「兄と一緒にアメリカンフットボール観戦に出かければ、家族の絆が深まる」と思えば、そうするだろう。また、**贅沢を自分への「投資」とみなしたがる**クエスチョナーもいるようだ。クエスチョナーのブログ読者は次のように投稿している。「髪を切るときは、一律20ドルの格安店ではなく高級店へ行きます。そこでカットやカラーをお願いするほうが、自分のキャリアにとってプラスになるからです（高級店のほうが居心地がいいという気持ちも多少はありますが）」。クエスチョナーのなかには、「自分がそうしたいから」という理由だけで贅沢を正当化できる人がいるのは確かだ。

オブライジャー（義務を果たす人）の場合は、時間やエネルギーやお金をほかの誰かのために使うべきだと感じ、自分に贅沢を許すのに抵抗があるかもしれない。とはいえ、オブライジャーにとっても贅沢を許すことは大切だ。彼らは特に燃え尽きやすいので、自分を犠牲にすることが多かったり、他人のために自分を酷使しすぎたりすると、憤りを覚えたり、周囲から軽んじられていると感じたり、喪失感を覚えたりする。だが、自身のオブライジャー傾向を利用して、定期的に決まった贅沢を自分に許しているブログ読者もいた。
「自分に贅沢を許すことには抵抗がありますが、ほかの誰かのためなら喜んでできます。自分が責任を担うことや人を放りだして自分のために時間を使うということが、どうしても正しいと思えません。でも、週に一度だけ自分に贅沢を許しています。それは、スケートチームに所属したからです。こうやって、自分が来ることを周囲から期待されるようにしないと外出できないのですから、わたしは典型的なオブライジャーですね」

誰かのためになるから自分に贅沢を許すという考え方にすれば、オブライジャーも自分

に贅沢を許せるようになる。ほかのブログ読者からもこんな投稿があった。「化粧品にお金をかけるようになりました。自分の外見にもっと気を配ろうと心に決めたからです。そう決めたのは、自分が魅力的だと思えるようになることは、結婚生活にとってプラスになると思ったからでした。自分に自信をもちたいというよりも、パートナーとの関係を改善することが最終的な目標です」

オブライジャーの燃え尽きや反抗心の芽生えは、周りにいる人たちの協力があれば防げる。贅沢を適度に許すことを彼らに勧め、外からの責任を課して勧めに従いやすくすればいい。たとえばこんな具合だ。「昼寝したいと言っていたよね。しなかったらイライラするだろうから、横になっておいで。1時間くらいいなくても平気だから」。

また、各傾向によって、贅沢を定期的に許したいと思うか、自分の思うままに許したいと思うかも変わってくるようだ。アップホルダーのわたしは、定期的に贅沢を許すほうがいい。贅沢を許すタイミングを自分で把握し、それを楽しみにしたい。レブルは、自分が思うままに贅沢を許すほうを好む。クエスチョナーは、贅沢をする喜びが高まることをやろうとする。オブライジャーは外から課される責任がないと贅沢を許せないので、定期的な贅沢のほうを好む。

避けるべき三つの贅沢

やる気に満ちた幸せな気分にさせてくれることを思うと、適度に贅沢を許すことは、良い習慣を定着させる助けになると言える。**ただし、むやみに贅沢を許す誘惑に負けないよう気をつける必要がある。**贅沢によってつかの間の喜びを得ても、その後に、罪悪感、後悔、自制心の喪失といったネガティブな感情が押し寄せる恐れがある。わたしのフェイスブックのページに、次のようなコメントが届いた。「自分のためになる贅沢を許したいと、どうしても思えません。贅沢をしていい気分になっても嫌な気分になっても、何かよくないことが起こると思ってしまいます」。

贅沢のなかでも特に危険なのが次の三つだ。一つは**食べもの。**食べたいものを食べた瞬間はいい気分になるが、長い目で見れば**食べる前より嫌な気分になりやすい。**ある調査によると、女性は不安なときや落ち込んだときにチョコレートを食べたくなるが、その欲求を満たしたほうが強い罪悪感に襲われるという。食事の節制を難しいと感じている人は、食べものに関する贅沢は許さないのがいちばんだ。

二つめは**買いもの**だ。買いものを自分にとっての贅沢にしている人は多い。意外に思うかもしれないが、**機嫌が悪いときよりも機嫌がいいときのほうが衝動買いをしやすい**という。買いものは、いわば小さな冒険だ。五感を通じて世界を楽しみ、掘り出しもの、お値打ち品、必要なものを買う興奮を味わえる。しかし、買いものに時間やお金をかけすぎると、かえって嫌な気分になりかねない。そのせいか、ウィンドウショッピングやフリーマーケットでのお値打ち品だけと決めて、心おきなく買いものをする贅沢を楽しんでいる人もいる。ブログ読者の例を紹介しよう。「リラックスしたいときや元気になりたいときは、スポーツ用品店をのぞきます。ただし、使っていい額の上限を決めてから店に入ります」。ほかにも、ネットショップのカートに商品をいっぱい入れて、買わずにページを閉じるという人もいる。また、次のような投稿もあった。「ジョギングの途中でアンティークショップに立ち寄ります。買うことはほぼありませんが、美しいものがおしゃれに並ぶ店は、本当に素敵な空間です。小さな美術館なんかもそうですね」。食べものと同様に、無駄遣いがやめられずに困っている場合は、買い物以外のことに贅沢を見いだしたほうがいい。

三つめに危険なものは何か？　**携帯やパソコンでのネットサーフィン、それからテレビの視聴だ。**アメリカ人は、余暇の時間の約半分をテレビを観て過ごしている。わたしはあまり観ないが、テレビを観るのは贅沢の一つだと意識するようにしている。そうしないと、すぐに観るのが当たり前になってしまう。だから次ページのようなことを実践している。

- 観たい番組だけを楽しむ（ザッピングはしない）
- ひとりでいるときは観ない
- 観たい番組が終わったらテレビを消す
- 番組が終わったら、ぼんやりせずすぐに動きだす

テレビなどの画面を長い時間見ていると、エネルギーが奪われる。それに、ほかのことをする時間がなくなるし、夜更かしの原因にもなる。また、テレビを観ていると、無意識に何かを食べてしまうことも多い。テクノロジーは自分のために使うものであって、支配されるものではない。習慣と同じだ。

贅沢を許すことで良い習慣を定着させやすくなるとはいえ、それがクセになると、贅沢だと感じなくなる恐れがある。最初はめったに許さなかった贅沢も、時が経つにつれて当たり前に許すようになったり、許す内容を広げたりするようになるからだ。哲学者のイマヌエル・カントは、一日に一度だけパイプを吸うことを自分に許していたが、年月が経つにつれ、パイプが大きくなっていったという。週に一度お風呂に高級バスソルトを入れるのは贅沢だが、毎日そうしていると、バスソルトを入れることをなんとも思わなくなるか

もしれない。積み重ねられた雑誌をストレス解消のために一気にビリビリと破ることはできる。でも、自分に許す贅沢として、少しずつ破ることもできる。**日常の一部となりうるものごとも、自分しだいで贅沢とみなすこともできるのだ。**

アップホルダーのわたしは、一日のスケジュールどおりに行動していると、エネルギーチャージにつながる贅沢をしているような気分になることがある。

あるとき、妹からこんなことを言われた。「あのね、ひらめいたの。姉さんならきっと、偉大な修道僧になっていたと思う」。エリザベスは本当にわたしのことをよくわかっている。「すごい偶然。そのとおりかもね」とわたしは答えた。ちょうどそのとき、『聖ベネディクトの戒律』という修道院に暮らす僧たちの戒律を定めた本を読んでいたのだ。「わたしは修道僧のような一日の過ごし方が大好き。どの時間にも名称があって、することが全部決まっているの」。

毎日の行動がすべて決められていることに魅力を感じない人もいるが（レブルは絶対に嫌がる）、わたしは修道僧のように「時間割」で動くのが好きだ。彼らは、一年を通じて細かく定められたとおりに行動する。その内容は、曜日、週、季節によって異なる。祈り、労働作業、休息、食事、睡眠の時間は別にして、一日のすべての時間に、それぞれ特有の特徴や目的がある。何かを決めることはほとんどなく、急ぐ必要もない。すべてのことに、それをする時間が設けられている。

とりわけわたしが惹かれたのは、修道僧に割り当てられた「神聖な読書」の時間だ。これも贅沢の一種だと言える。幸せになるためには、修道僧でないわたしたちであっても、魂と向きあうことがら（美、創造性、礼拝、信頼など）のための時間は必要なのだが、そういう時間は急ぎのことの脇に追いやられてしまう。するとそのうち、人生が空虚で無意味なものに思えてくる。「神聖な読書」の時間を設けることは、魂に意識を向ける時間を確保する手段だと思えばいい。美術書に目を通す、偉人の伝記を読む、自然のなかで過ごす、コンサートに出かける、ボランティア活動に参加する、瞑想する、といったことにあてるのもいい。また、スポーツを通じて魂と向きあう人もいる。そういう人は、献身、忠誠、希望、忍耐といったことに価値をおいている。

自分の一部として定着した習慣は、何の決断も下さなくても自然と行うことができる。とはいえ、そうなるまでは（そこまでになる習慣の数は残念ながら多くない）、**気分が上がる贅沢を自分に許すことで、自制心を維持するといい**。ゲーテは指摘する。「魂は解放されても達成感を得られないことは、すべて有害である」と。それはつまり、魂が解放されると同時に達成感を得られることは、有益だということだ。

まとめ

◎日常にささやかな贅沢を許すと、習慣は続けやすくなる。習慣としてなかなか定着しない行動を自分にとっての贅沢とみなしてもいい。

◎むやみに贅沢を許すと罪悪感が押し寄せることがある。贅沢を当たり前にしないために、量を制限して特別感を演出する。

Take Action

■自分にとって贅沢だと感じることをリストアップし、実行してみる（ただし、行ったあとに後悔するものは除く）。

習慣における諸刃《もろは》の剣《つるぎ》

「新しい習慣を習得する、あるいは古い習慣から脱する場合は、断固たる決意をもって始める必要がある。新しい習慣が自分の生活に確実に根づかないうちは、決して例外を許してはならない。小さな過ちは、慎重に巻いた糸の玉を落とすのも同然だ。一度落として糸がほどければ、その何倍もの数を再び巻くことになる」

ウィリアム・ジェームズ
『心理学』

習慣を形成するうえで、わたしは二つのことを組み合わせるというやり方を自然と用いていた。この**「組み合わせ作戦」は、する必要のあることとやりたいことと、特別やりたくはないことを組み合わせて両方やり遂げるというものだ。**

この作戦を講演で紹介した数カ月後、講演を聴いた女性から習慣が変わったとの連絡があった。

「聞いてください！」彼女の声は熱を帯びていた。「あの講演のおかげで、ジムに定期的に通えるようになりました。本当に驚きです。これまではどうしても行く気になれなかったのに、いまは欠かさず通っています」。

「本当ですか！」その変化はわたしのおかげではないかもしれないが、そう言われると嬉しい。「あの、よろしければ、具体的に何をしたか聞かせてもらえますか？」。

「組み合わせ作戦を実行したんです。講演を聴いて、テレビを観るのはジムでトレーニングしているときだけにすると決めました。そのおかげで通うようになれました！　いまは、ジムに行きたくて仕方ありません。欠かさずに観たい番組がいくつもありますから」

「素晴らしい！　でも、家でこっそり観たくなったこともあるのでは？」

「それは絶対にしません。一度許せば、何度でも観てしまいますから。テレビはジムでだけ、がわたしのルールです。病気で数日寝込んだときは、『ジムに行けず、横になっていることしかできないのだから、テレビを観てもいいかな』と思いました。でも、観ませんでした」

わたし自身も、運動する習慣を続けやすくするために組み合わせ作戦を活用している。

運動する習慣はそれなりに身についたとはいえ、まだたまに怠け心が顔を出す。組み合わせ作戦は、ジムに行く習慣を強固にしてくれるのだ。わたしは雑誌を読むのが好きで、夫とふたりで雑誌をたくさん購読しているが、雑誌を読むのはジムでだけと決めている。フィットネスバイクを漕ぎながら読むのだ。

そういえばわたしは大学のときも、組み合わせ作戦を使って運動する習慣を保っていた。運動するまではシャワーを浴びてはいけないというルールを自分に課したのだ。1日、2日なら平気だが、すぐにシャワーを浴びたくてたまらなくなる。

始めやすい「組み合わせ」作戦

組み合わせ作戦はどんな場面にも活用できる。大学を卒業してサンフランシスコに住んでいたとき、わたしは毎朝ウォーキングをした。自宅から1キロあるベーグルショップのベーグルを買いたかったからだ。ベーグルが食べたければ、歩くしかない。

また、TEDトークスを観ながらヒゲを剃る人もいる。出張の多い友人は、機内では仕事をせず、読むのは小説だけと決めている。このおかげで、出張に楽しみが増え、小説を読む習慣も維持できているという。ブログ読者からも次のような投稿があった。「わたしはCMと家事を組み合わせています。テレビがCMになったら、皿を6枚洗って食器乾燥機に入れ、部屋を掃除します。ＣＭが終わったら、またテレビの前に座る。ＣＭという短い時間のなかで、それだけのことができるのだから驚きです。それに、自分を怠け者だと思わずにすみます」。ほかにも、コーヒーメーカーの横にピルケースを置き、薬を飲むまで朝のコーヒーは淹れないと決めている男性もいる。

当然ながら、アップホルダー（約束を守る人）とクエスチョナー（疑問をもつ人）は、ほかの二つの傾向の持ち主に比べてこの作戦を受けいれやすいと感じる。オブライジャー（義務を果たす人）の場合は、外から課される責任がないと、この作戦を使いづらく感じるだろう。「ダメだ。薬を飲むまではコーヒーを淹れてはいけない」と言ってくれる人は誰もいない。とはいえ、この作戦をうまく活用しているオブライジャーもいる。レブル（抵抗する人）はこのようなことをしたいとは思わないだろう。

わたしはつねに、習慣の形成に役立つ素晴らしいアイデアはないかと目を光らせているので、友人たちがしょっちゅうお気に入りのやり方を教えてくれる。とても几帳面な友人から、次のような組み合わせを提案された。「家のなかで部屋から部屋へ移動するとき、わたしは必ず何かを運ぶ。元の場所に片づけることもあるけど、元の場所に近い位置に移動させるだけのときもある」。

「それで何が変わるの？」わたしには何がいいのかよくわからなかった。

「やってみればわかるわよ」

彼女が自信たっぷりに言うので、わたしは試してみることにした。そして、「歩く」と「運ぶ」というこの単純な組み合わせは、意外にも効果が高いとわかった。片づけが本当にラクになるのだ。片づけのための時間をつくったり、余分に動いたりする必要はない。たとえば、寝室からキッチンへ行くときは、大きなマグカップを持っていく。玄関から寝室へ行くときは、棚にしまうべき本を持っていく。些細なことのように思えるが、このおかげで我が家の散らかり方はずいぶんマシになった。

二つのことを組み合わせると、二つを同時にこなせるという満足感も生まれる。友人から次のようなメールが届いた。「犬を連れて公園に行くなら、その30分を犬の運動以外にも有効に使いたいから、自分が歩く歩数を意識するようになったわ。犬の散歩中はオーディオブックを聴くことにもしたの。だから、いまは一度に三つのことをやっています」。

「断つ」ための組み合わせ

組み合わせ作戦は、なくしたい習慣をなくすことにも活用できる。たとえば、食事と食卓につくことを組み合わせれば、仕事の机や車のなかで食べたり、道を歩きながら食べたり、冷蔵庫の前で立ったまま食べたりすることがなくなる。ひとりでテレビを観ると、お気に入りのドラマを数日かけて一気に観ることもあるが、わたしは夫のジェイミーと一緒のときしかドラマは観ないと決めていて、彼は一度に2話以上観るのを嫌がる。だから、あらゆる責任を放り投げてテレビを観る、ということは絶対にない。

組み合わせ作戦のほかの使いみちについて考えてみた。わたしは動く量を増やすため、週末に長時間のウォーキングを行うようにしているが、実はそれを重荷に感じていた。

ウォーキングの問題点は何か？　歩いているあいだ退屈を感じることだ。そこで、ウォーキングに友人と過ごす時間を組み合わせようと、ふたりの友人に日時を決めてウォーキングをしないかとメールを送った。ふたりとも誘いに乗った。ひとりはたまにしかこれず、もうひとりはできるだけ参加するとの返事だったが、日時を決めるためには毎回何度かメールをやりとりすることになる。でもわたしは、その程度の面倒は気にならない。ウォーキングする日がはっきりとは決まっていないので、運動というより贅沢をするという気持ちのほうが強い。実際、何度か友人と歩くうちに、運動量を増やすために始めた習慣ではあるが、友人との関係を深めることのほうが重要になっていた。

とはいえ、一緒に歩く相手がいないときもある。次女のエレノアは、いつもオーディオブックを聴いている。そんな娘を見て、わたしもフィリップ・プルマンの『ライラの冒険』

3部作のオーディオブックを買った。それを聴きながら歩くのは、本当に楽しかった。もっと長く聴きたいがために、普段より5ブロック多く歩いてしまったこともある。

わたしは歩く量をもっと増やしたかった。というよりも、座っている時間を減らしたかったのだ。作家という職業柄、一日の大半を椅子に座って過ごすのだが、わたしは落ち着きがないので、それなりに動いているだろうと思っていた。飲みものや食べものを取りに行く、トイレに行く、何かを確認しに行く、といったことをよくするからだ。でも、45分座り続けていたらアラームが鳴るようにUPバンドで設定すると、思っていた以上に長い時間座っていることが明らかになった。

これは重大な問題だ。じっと座ったままでいることは身体によくないと言われている。座ったままでいることは、いまや喫煙にとって代わる悪習の代名詞だ。調査によると、アメリカ人は一日に最低8時間は座った状態でいるという。その間に、代謝機能は低下する。一日に数時間座っていれば、たとえ運動していても、寿命を縮めるリスクが高まる恐れがあるのだ。それに、歩くほうが、集中力ややる気が高まる。

座っている時間を減らすため、わたしは電話で話すときは立つことにした。電話で話す機会はそれほど多くないが、電話と立つことを組み合わせれば、それなりに動いている時間は増える。

組み合わせの効力

組み合わせ作戦の効果は大きい。大きすぎる、と思えるときもある。**組み合わせが生まれると、悪い習慣も定着しやすくなる。**たとえば、「土曜の夜には必ず酔っ払う」「携帯電話にメッセージが届いたらすぐに読む」「旅行先では必ず買い物をする」といった悪い習慣の組み合わせを聞いたことがあるだろう。組み合わせが定着すると、それをしなかったときに喪失感を覚える。

映画館でお菓子を食べることが大好きな友人は、食習慣を変えると決めたとき、映画館へ行くこともやめた。朝のコーヒーと一緒にタバコを吸う習慣のあった友人は、禁煙すると決めたとき、コーヒーから紅茶に変えた。

知り合いの記者からこんな話を聞いた。「大学時代には悪い習慣があって、試験が終わるたびにクロワッサンを食べていたんです。クロワッサンが大好きだから」「あら、それは悪い習慣じゃないと思いますよ」とわたしは言った。「むしろいい組み合わせです。クロワッサンを食べる機会が生まれるとはいえ、試験の数はそれほど多くないので、クロワッサンを食べる数もそれほど多くありません。つまり、自分で数を制限しているんですよ。だって、クロワッサンをもう1個食べたいから試験を1科目多く受けるわけにはいかないじゃないですか。この組み合わせは、クロワッサンを食べる習慣を抑える役割を果たしています」

「そう言われればそうですね」

「それに、試験という楽しくないことも、クロワッサンと組み合わせれば楽しくなります」

組み合わせ作戦の効力について考えていて、あるときわたしはひらめいた。そしてすぐに妹のエリザベスにメールを送った。

送信者：グレッチェン

わたしがずっとデスク付きのルームランナーを欲しがっているのは知ってるよね。いまでも欲しくてたまらないのだけど、それを仕事部屋に置いたら、ドアの開け閉めができなくなるから、それはさすがに困る。でもね、あなたは絶対に置くべき！

友人の家でデスク付きルームランナーを見せてもらったの。彼は、ずっとそれに乗って仕事をしているんですって。そのおかげで、ほぼ毎日10キロ歩いているのよ。しかも、歩くスピードはすごく遅いんですって。音の心配もなくて、エアコンより静かだって言ってた。

いまのあなたは、仕事をたくさん抱えてとても運動できない状況でしょ。だから、デスク付きルームランナーがあれば、運動すると意識しなくても運動できるようになるんじゃないかしら。仕事をしながら歩けるんだもの。

そこで提案なんだけど、わたしからあなたにプレゼントさせてもらえないかな。

お返事お待ちしています。

数時間後、エリザベスから返事が届いた。そこには、彼女が出した結論だけでなく、作家として長年パートナーを組み、番組も共同制作するサラの決断についても書かれていた。

送信者：エリザベス

嬉しいサプライズを本当にありがとう。姉さんの提案を喜んで受けます！　デスク付きルームランナーがあれば、間違いなくわたしの生活は一変すると思う。これは本当に、いまのわたしが必要としているものです。職場のみんなにもう、このルームランナーの話を嫌になるくらいするつもりだって宣言したわ。

それからね、なんと、サラもデスク付きルームランナーを買うと言いだしたの。わたしがずっと歩いているのに、自分だけソファーでくつろいでいるわけにはいかないんですって。

だから、わたしの仕事部屋のホワイトボードの前に、2台のデスク付きルームランナーを置きます。いまある小さな2台の仕事机は、サラの仕事部屋のほうに置くつもり。わたしとサラの仕事スタイルは、テレビ作家のトレンドになると確信しています。

本当にありがとう！　これまでもこれからも、ずっと大好きだよ！

1週間もしないうちに、エリザベスの元にデスク付きルームランナーが2台届いた。わたしは感想を聞きたくてエリザベスに電話した。

「それで、どんな感じ？」

「もう最高！」とエリザベスは言った。「一日中使ってる」。

「慣れるまで大変だったんじゃない？」

「全然。今日は原稿の書き直しがあって何度もオフィスにきたから、3時間半くらい歩いた。スピードはあまり速くしなかった。時速1.3キロくらいまで遅いときもあったけど、それでもトータルで7.3キロ歩いたわ。もっと慣れてくればスピードは上げられると思う。まあ、そのときにやる仕事の内容にもよるけどね」

「7キロ以上歩いたの！　すごい」

「わたしはとにかく距離が気になるけど、サラは歩数が気になるみたい。歩数が表示されたとたん、メモしているわ。お互い記録をつけて、どれだけ歩いたか把握するつもり」

「距離を地図に記録すればいいのよ！　そうすれば、『サンフランシスコまで歩いた！』って思えるから、すごく充実すると思う」

「いいかも。数字が増えていくのがわかるおかげで、すごく正しいことをしているっていう気分になるの。それに、仕事もすごく捗る。スタジオから台本のことで電話があって40分しゃべったけど、そのあいだもずっと歩いてた。サラにも言ったんだけど、ルームランナーに乗って仕事をすると、おやつを食べる量も減るんじゃないかな」

「それはそうね。人は、少しの不便にも敏感だから。ルームランナーから降りてキッチンへ行くとなれば、ずいぶん大変になるもの」

「足は間違いなく疲れたけど、慣れると思う。とにかくいちばん知りたいのは、A1c（糖化されたヘモグロビン）レベルを下げる効果があるかどうかってこと。これはすべて、血糖値のためなんだから」


それからしばらくして、わたしはもう一度エリザベスの様子をうかがった。デスク付きルームランナーで仕事をする習慣はすぐに定着し、毎日8キロ前後歩いているとのことだった。彼女がいちばん気にしているA1cレベルへの影響は、病院での検査を受けないことにははっきりとはわからなかった。

「何としても数値を下げないと。デスク付きルームランナーに数値を下げる効果があれば、糖尿病患者にとって一大事よ。わたしはⅠ型だけどⅡ型の人にとっては救世主になるんじゃない。デスク付きルームランナーが話題にならないことが本当に不思議。薬や通院にかかる費用に比べたら、安い買い物なのに。グーグルみたいな企業なら、社員に提供してもおかしくないと思う。だって、ストレスの軽減にも役立つもの。仕事でうまくいかないことがあっても、前よりうまく対処できるようになったし、その日がどんな一日でも、8キロ歩いたのは確かだって思いながら家に帰れるし」

デスク付きルームランナーを使う以前のエリザベスは、運動を習慣にすることができなかった。でも、組み合わせ作戦（に加えて、やりやすさ、測定、土台固め）を活用することで、運動が習慣としてしっかりと定着した。

また、エリザベスのオブライジャー気質も助けとなっている。「糖尿病のための義務だと思うほうが、運動に取り組みやすいと気がついた」と彼女は言う。

その言葉を聞いて、**自分にいちばんしっくりくる理由を習慣に当てはめるほうが長続きする**のだと改めて思った。運動を「糖尿病のための義務」とみなせるとは思いもしなかったが、そうすることがエリザベスにはしっくりくるのだ。

日々の小さな行動にもそれぞれに意味がある。それらを毎日続ける苦労が、未来を形づくるのだ。一つひとつの習慣は取るに足らないものばかりだが、それらがあわさったときに生まれる力は強大だ。こんなことを考えていると、サミュエル・ジョンソンの大好きな一節が頭に浮かんだ。「取るに足らないものごとを学習することで、苦悩を最小限に抑え、幸福を最大にする術が身につくのである」。

まとめ

◎二つ以上の行動を「組み合わせる」と習慣になりやすい。ただし、悪い習慣も定着しやすくなるので注意が必要である。

◎組み合わせによって行動を制限することで、やめたい習慣を断つことも可能である。

Take Action

■「する必要があること」「やりたいこと」と「特別やりたくないこと」を組み合わせた習慣をつくってみる（例：通勤の際に一つ手前の駅から歩いてみる）。

発見する

身につく習慣・身につかない習慣の違い
毎日の行動に「自分らしさ」は必要か？
習慣は伝染する

Part5

昔から言われるように、同じ人間は誰一人としていない。Part1では、いくつかの質問を通じて自分を見つめることで、自分を知ることができると説いた。その一方で、ほかの誰かと比べることでも、自分を知ることができる。このパートでは他者の存在のなかに自分をおくことで、自分個人の価値観、関心の対象、性質をより明らかにしていく。

身につく習慣・身につかない習慣の違い

「人は自らの行動の代償を払うが、それだけではない。何になろうとしたかの代償も払う。非常に単純な話で、これからの人生がその代償となる」

ジェームズ・ボールドウィン

『巻に名もなく』

習慣について不思議でならないのは、簡単に身につく習慣とそうでない習慣があることだ。それはなぜなのか？　答えはたくさんあるが、わたしはときどき、**「心の霧が晴れていない」ことが原因だ**と気づくことがある。自分の気持ちがはっきりしていないのだ。たとえば、何かをやりたい反面、やりたくない気持ちもあったりする。何かを欲しいと思っていても、それに矛盾する別の何かも欲しいと思っていたりする。誰もが重要だと思っている習慣が、自分にはそれほど重要でないように思えたりする。

心の霧を晴らすことは、習慣を形成するうえで非常に役立つ。**霧を晴らす対象は２種類ある。価値観と行動だ。**自分が価値をおくこと、そして、**自分で自分に期待する行動が明確になるほど**（他人の価値観や他人が自分に期待する行動ではない）、**習慣にしたい行動は続きやすくなる。**

調査によると、**人は相反する目標ができると、自分をうまくコントロールできなくなる**という。不安になって混乱し、最終的には何もせずに終わることが多い。定着させるのに何年もかかった習慣を振り返ると、心の霧が晴れていなかったせいで、ためらいや堕落が生まれたのだとわかる。たとえば次女のエレノアを学校に連れて行く前に時間に余裕が生まれたらメールを処理すべきか、それとも娘に本を読み聞かせるべきか。土曜日の午後は、仕事にあてるべきか、それとも好きなことだけをすべきか。長女のイライザには、家族がいるキッチンで宿題をやらせるべきか、雑音や邪魔が入らないよう自室でやらせるべきか……。このように、相反する選択肢が生まれると、どちらにするか迷うことでエネルギーを使い果たしてしまう。

習慣や幸福の話になると、相反する価値観が必ず出てくる。いくつか次のページの表で例を紹介しよう。

仕事に全力を注ぎたい	家庭に全力を注ぎたい
小説を書きたい	運動したい
睡眠時間を増やしたい	パートナーとおしゃべりし、テレビを観て楽しく過ごす時間が毎日欲しい
車に乗っている時間を減らしたい	学校が終わった後、子どもをさまざまな活動に参加させたい
気軽に声をかけてもらいたい	ひとりで考えたり仕事をしたりする時間が欲しい
倹約したい	ジムに入会したい
仕事から帰ったらリラックスする時間が欲しい	きれいに片づいた家に住みたい
新たな出会いや友人に会う時間が欲しい	ひとりになる時間を増やしたい
老後のために貯金して将来設計を立てたい	旅行先では必ずお土産を買いたい
お酒の量を減らしたい	つねにパーティの主役でいたい

大切なのはどちら？　あるいはどちらも？

こうして並べるとわかるように、相反する価値観のどちらも重要な場合は、心に霧がかかってもやもやする。どちらも重要だから、どちらの価値観に従った行動をとるか悩むのだ。

わたしはこのような場合、**まずは対立させること自体が間違っている可能性を考えるようにしている。両方を選べないか考えるのだ。**

以前、エレノアのクラスメイトの母親が、「息子が本を読んでほしいと言うから、ジムに行けなかった」と言っていた。彼女はどこか嬉しそうだったので、きっと、息子のためなら自分のやりたいことを喜んで犠牲にすると思っているのだろう（この母親はオブライジャーではないかと思う）。

わたしは何も言わなかったが、心では「ジムに行かない時間に息子に読み聞かせれば、運動と読み聞かせの両方ができるのではないか」と思っていた。

心の霧を晴らそうとして問題点に目を向けると、新たな解決策が見つかることがある。

カウンセリングを受けていたある夫婦の例を紹介しよう。この夫婦は家事のことでケンカが絶えず、家の掃除と休息の時間を増やすことのどちらが大事かということで揉めていた。

どちらも主張を譲らなかったが、あるとき、カウンセリングをやめてそのお金で掃除代行サービスを頼むと決めた。それからはケンカしなくなったという。

週末に自転車で遠出するのが大好きな友人は、家族と一緒に過ごしたいとも思っている。そんな彼はずっと、休みに何をすると決めても、別のことをすればよかったと後悔する日々を送っていた。でも、どちらか一つしかできない原因を根本から見つめ直すと、解決策が生まれた。土曜日と日曜日は朝5時に起きて自転車に6時間乗り、残りの時間を家族と一緒に過ごせばいいと気づいたのだ。

習慣とそれに付随する価値を理解し、それが自分の重視すべき価値だとわかっていると、習慣は続きやすくなる。わたしがベッドメーキングするのは、そのほうが穏やかな気持ちで過ごせるからだ。娘たちに行ってらっしゃいとお帰りのキスをするのは、そのほうが愛情を深く実感できるからだ。

世間一般に共通して高い価値がおかれていることと言えば、楽しむこと、虚栄心を満たすこと、それに清潔さを保つことだろう。歯を磨くのは、虫歯を予防するためというよりも、口臭を防ぐためだという人のほうが多いのではないか。ジムのトレーナーからこんな話を聞いたことがある。「男性がジムに来る理由は、テニスがうまくなりたいといったスキルの向上や、息切れせずに階段を昇れる身体になりたいといった失ったものを取り戻すためが多い。一方、女性は外見をよくしたいからジムにくる。健康な身体づくりは二の次なんですよ」。

習慣にする価値が曖昧だと、続けることに消極的になる。たとえば、薬を飲んでも症状の改善に明らかな効果が見られないと、飲むのを途中でやめてしまう。これは、高血圧の薬を処方されている人に起こりがちだ。

心の霧を晴らすには、先に紹介した**「予定にいれる」ことがとても役に立つ。**わたしにとっては執筆することも大事だが、家族と一緒に過ごす時間や本を読む時間も大切だ。ときには、何を優先させるかで一日中頭を悩ませたり、何をしていても大事なことを放っておいている気持ちになったりすることがある。でも、いつ何をするかを予定にいれておけば、自分の時間とエネルギーを、自分にとっての大事な活動だけに捧げられる。

後ろめたい習慣を見直そう

また、霧を晴らすことで、できれば隠しておきたいと思っている自分の一面に気づかされることもある。**自分が隠そうとする習慣には、**特に注意が必要だ。家族や同僚に見つけられたくないと思う気持ちがあるということは、**自分の価値観にある意味そぐわない行動**

をとっているということだ。ブログ読者から次のような意見が届いた。「わたしはこっそり買い物に出かけて、買ったバッグを物置に隠しています。自分のお金の使いみちを誰にも知られたくないのです」。

内緒にしている悪い習慣（喫煙、買い物、フェイスブックを通じた昔の恋人とのやりとりなど）を断ち切るには、**無理をしてでも周囲に公表するというのも一つの手だ。**秘密にできなくなれば、やめることを選ぶかもしれない。あるいは、**自分と同じ習慣がある人の存在に励まされることになるかもしれない。**ブログ読者から次のような投稿があった。「わたしには、昔のドラマの専門チャンネルを観る習慣があります。先日、少し恥ずかしいと思いつつ、友人に笑いながらそのことを告白しました。するとその友人は、『わたしも観てる！』と言ったんです」。

自分の習慣を内緒にする理由はほかにもある。たとえば、次のような投稿をくれた読者もいる。「わたしは自分の部屋にこもって小説を書いています。何をしていたのかと誰に尋ねられても、自分の時間の半分を小説を書くことに使っているとは絶対に言いません。周りを騙しているような気もしますが、小説を書いていることを誰かに話せば、周囲の目がひどく気になるので」。周囲に内緒でブログを書いている人は大勢いる。

言い訳せずにはいられないと感じることにも要注意だ。矛盾するようだが、**人は何か認めたくないことがあるとき、必要もないのに自分を正当化しようとすることがある。**確かにわたしも、夫に向かって仕事を何一つしなかった言い訳を並べ立てたことがある。わたしの仕事が進もうと進むまいと、ジェイミーは気にしないというのに。ひととおり言い訳を終えると、彼に言い訳したいというわたしの欲求は、自分に対して隠したい何かがあるから生まれたのだと気づいた。わたしは、自分の仕事の習慣を破ってしまったという事実を認めたくなかったのだ。

友人から胸が痛む話も聞いた。「スーパーのレジに並んでいたら、列の前方に知り合いの女性がいたんだ。向こうは僕に気づいてなくて、声をかけようとしたら、彼女はレジの人と話し始めた。カゴに入っているジャンクフードばかりの食べものを指しながら、『子どもが買ってほしいって聞かなくて。こういうものが大好きなのよ』と言いだしてね。でも、彼女に子どもはいない。猫すら飼ってない。それで僕は気まずくなって、並ぶ列を変えたよ」。

作家のトリー・ジョンソンがダイエットの体験記を綴った著作にも、次のような描写がある。「運転免許をとったその日から、わたしはドライブスルーで大量に買って食べることが習慣になった。注文窓口に車で乗りつけると、わたしひとりしかいないのに、後ろに乗っている人のぶんも注文するフリをして、『みんなは何がいいんだっけ？』と大声で叫ぶ。窓口の店員は、まったく気にとめていないというのに」。

自分の行動を正しく認識しない限り、心の霧は晴れない。

有言実行は習慣においても重要

自分が価値をおくことがはっきり決まると、「口だけ習慣」が浮き彫りになる。「口だけ習慣」とは、身につけたいと声高に唱えながらも、本音ではするつもりのない行動習慣のことだ。そういうことを言いだすときは、自分以外の誰かの価値観や優先事項が関係している。「毎晩料理をする」「宝くじはもう買わない」……。口だけ習慣も「明日から」という言い訳と同じで、自分で自分に嘘をつくことを許してしまうことになるので危険だ。

アップホルダー（約束を守る人）は、誰のどんな目標もすべて真剣に受けとめるので（真剣に受けとめすぎる、と言ったほうが正しいかもしれない）、わたしは口だけ習慣ではないかと思える発言を聞くと心配になる。

先日の食事会でも、隣に座った男性が「口だけ習慣」を口にした。「運動を始めようと思っています」という彼の言葉には説得力がなかった。「本当に必要なので」。

「どうして運動をしていないのですか？」わたしは努めて冷静に尋ねた。

「時間がないんです。出張が多いですから。膝も悪いですし」

「本当は、あまり運動したくないと思っているんじゃありません？」

「いや、やらないといけないんですよ」と彼は答えた。「妻や子どもたちから、運動を始めるようにと折にふれては言われますしね。すぐに始めるつもりです」。

　この言葉を聞いてわたしは腑に落ちた。この男性は運動をしたくない。でも、口だけ習慣を言葉にすることで、家族と自分自身に向かって運動を始めるフリをしているのだ。彼は「そのうち始める」と自分に言い聞かせている。皮肉としか言いようがないが、「家族から強く言われるが、運動を始めるつもりはない」と言っていたら、自分の選択を正しく認識することになり、その結果、本当に運動しようと考えられるようになったかもしれない。この男性は、口だけ習慣を言葉にすることで本心と向きあうことを避けている。そのせいで、するつもりのないことを口にしているという事実を、自分で認めることができずにいる。


　こうした口だけ習慣の罠にはまらなかった友人もいる。「運動は身体にいいとわかっている」と彼女はわたしに話し始めた。「でも、子どもがふたりいて、フルタイムで働いているでしょ。そのうえ運動まで始めるとなれば、気がかりなことが増えるだけよ。運動は、子どもの手がかからなくなってから始めるわ」。

「いい判断ね！」とわたしは言った。

友人はほっとした様子を見せたが、すぐに怪訝《けげん》そうな顔をした。「あなたのことだから、運動したほうがいいって説得を始めると思っていたのに」。

「だって、『いまの時点では、運動のことを気にかけるつもりはない』と口にするほうが、『運動すべきだ』と言っておきながらやらないよりずっといいと思う。運動しないという意味では同じだけど、**自分がどうするかをはっきり決めていれば、迷いは生まれない**。運動しないことで自分が嫌になることもないし」。こう答えた後、自分の気持ちに従って行動していると思えていれば、運動を始めると決めたときも続きやすくなるはずだ、とも言い添えた。いまはやらないと決めていれば、「運動したほうがいいと言い続けているのに、何年経っても始められない」という気持ちにならずにすむ。

わたしにも口だけ習慣はある。わたしはつねづね「使った皿はシンクではなく食器洗浄機に入れる」と自分に言い聞かせ続けているが、どうしてもシンクに置いてしまう。これについては何とかしたいが、「娘たちに感謝の手紙を書かせる」「毎晩詩を1篇読む」「読み終えた本の記録はすべて読書管理サイトに記録する」「上質な食器を使う」は、もう習慣にしようとは思っていない。食器に関してはいずれ必ず使うつもりでいるが、当面は使わないと決めたおかげで、ずいぶんと心が軽くなった。

口だけ習慣のつくり方は、各自がもつ傾向によって異なる。アップホルダーは、あまり口だけ習慣をつくらない。どんな言葉も真剣に受けとめるので、任意だとはっきりわかることは別にして、口にしたことを実行に移そうとする。クエスチョナー（疑問をもつ人）は、その習慣を続ける理由に心から納得していないと、口だけ習慣を言葉にしてしまうことがある。オブライジャー（義務を果たす人）は、外から課される期待をプレッシャーに感じていると、口にはするが実際に行動に移す責任があるとは思っていないかもしれない。レブル（抵抗する人）は、「いや、それはやらない」と言うことに抵抗がないので、口だけ習慣にはあまり縁がない。

心の霧が晴れると、習慣が守りやすくなる言葉を口にするようになる。反対に、心がはっきり決まらないと、習慣が守りにくくなる言葉が口をついて出てくる。**自分で決めて行動し、自分の言葉に従って行動することを強調する言い方**（例：「〜はしない」「〜すると自分で決めた」「〜する予定」「〜はしたくない」など）**をする人は、自分に自信のない言い方**（例：「〜はできない」「〜は認められていない」「〜しようと思う」など）**をする人に比べて、習慣が長続きしやすい。**「しない」と「できない」では大きく違う。

自分の習慣を描写するときにどんな言葉を選ぶかで、その習慣の魅力を高めることも低めることもできる。「ピアノを練習する」ではなく「ピアノを弾く」と言うほうが、楽しそうに聞こえる。自分のための一日を設けるなら、「自分の内にこもる日」「自分を取り戻す日」「何もしない日」「強制休養日」のどれがいちばん魅力的に感じるだろう？　各自がもつ傾向によって、魅力的に感じる言葉は異なるはずだ。「ダンス教室に参加する」という言い方を好む人もいれば、「運動する」という言い方のほうを好む人もいる。

できるだけ「ストレスを減らしたい」と思っている人は多い。でも、「ストレス」という言葉は曖昧だ。その言葉だけでは具体的な問題はわからないので、解決策を提示しようがない。わたしが「ストレスがたまっている」と口にするのは、自分の行動と感情のつながりがはっきりしないときだ。だから、「ストレスがたまっている」とは言わずに、自分が何に苛立ちを感じているかを具体的に特定しようとする。「自宅が仕事場だから、一日中仕事をしないといけないと感じている」「一緒に何かをしている人が、わたしのエネルギーを奪っている」「家族で出かけて楽しみたい反面、家で静かにしている時間も必要だと感じている」「ノートパソコンをデスクトップパソコンにうまく同期できない」「ふたりの娘が同時に話し始めるとイライラする」……。**苛立ちの対象を言葉にすると、自分の心がはっきりとわかるので、大抵は対応策が見つかる。**

具体化するほど習慣は強くなる

自分が大事にする価値観をはっきりさせることに加えて、**自分がとる行動についても明らかにすることができたら、習慣を形成しやすくなる。自分がとる行動が具体的になるほど、習慣は定着しやすい。**たとえば、「もっと周囲に気を配る」では、曖昧すぎて習慣になりづらいが、「マンションの建物に入るたびに、無事に帰れたことに感謝する」や「興味を惹かれたものを毎日写真に撮る」といった具体的な行動を心に決めれば習慣になる。

自分のとる行動に迷いが生じて問題となるのが薬の服用だ。調査によると、処方された薬をきちんと飲んでいない成人アメリカ人の割合は55%近くになるという。きちんと飲まない主な理由のいくつかは、迷いから生じている。「わざわざ薬を飲む意味があるのか?」「どのタイミングで飲めばいいのか?」「今日のぶんの薬は飲んだか?」といった疑問が浮かぶと、薬を飲むことに消極的になるのだ。そうした疑問を解消するため、昔ながらの薬瓶から曜日を記載したプラスチックの個包装に変えた製薬会社もいくつかある。

わたしが自分の行動を具体的にしたいときは、**「ブライトライン・ルール」**をよく使う。これは法曹《ほうそう》界で使われる概念で、ブライトラインは明確な定義や基準を表す。**このラインに満たないものはすべて、一切の解釈や考慮を許すことなく排除される。**たとえば、ペットボトルの水は買わない、すべてのメールに24時間以内に返信する、日曜日の夜は実家に電話する、といったことがブライトラインとなる。

買い物リストに書いてあるものだけを買う、というのもブライトラインの例だと言える。こうすれば、衝動買いは避けられる。これを実践しているブログ読者からの投稿を紹介しよう。「買い物リストは、スーパーに行くときだけでなく、服や化粧品を買うときにもつくります。そうすると、無駄遣いをしないばかりか、不要品も増やさずにすみます」。

わたしには、以前から守っているブライトラインがたくさんある。たとえば、目覚まし時計のスヌーズ機能という拷問の道具は絶対に使わない。平日の朝は、次女のエレノアを連れて7時50分きっかりに家を出る。人にはそれぞれ、独自のブライトラインがある。知り合いの男性は、「夕食のときだけベジタリアンになる」と言っていた。別の友人は「結婚したときに、夜の誘いにはできるだけ応じると心に決めたの。そのほうが、円満な夫婦生活が送れると思ったから」と言っていた。また、3にこだわる友人もいた。「わたしは何でも3を上限にすると決めているの。ビールは3杯まで、テレビも3番組までしか観ない」。

「どうしてそういうことになったの？　なんで3？」とわたしは尋ねた。

「覚えてない」というのが彼女の返事だった。「物心がついたときから、このルールを守ってたから。小さい頃からずっと守ってきたと思うと、自分が怖くなる」。ずいぶんと変わっているが、理にかなったルールだ。

ある朝、次女のエレノアを学校に送り届けて自宅に向かって歩いていると、その日は珍しく、自分の行動を俯瞰《ふかん》で見てみようと思った。わたしはずっと、自分の習慣を変えることにエネルギーを注いできた。でも、「何を変えればわたしはもっと幸せになれるだろうか?」と自分に問いかけたとき、その答えを満たすことは何もしていないと気づいた。わたしがいま以上に幸せになるためにいちばんしたいこと。それは、妹と会う機会を増やすことだ。

両親とは、クリスマスと8月に実家を訪れると決めているので定期的に会っている。何の決断も、計画もない。都合のいい日時を選んで、飛行機のチケットを買うだけだ。

それなのに、エリザベスとのあいだには、このような取り決めは何もなかった。エリザベスがクリスマスにカンザスシティの実家を訪れるのは1年おきなので、そのときは会えるが、あとはわたしが仕事でロサンゼルスへ行くときくらいだ。これだけではとても十分とは言えない。会いたいという話はしても、具体的に何かを決めたことは一度もなかった。いつ会うのか、どこで会うのか、どちらの家族が移動するのか、というように、決めないといけないことがたくさんある。**どうするかをはっきり決めない限り、行動は生まれない。**

問題を特定したわたしは、解決策を考えた。エリザベス夫婦はともにテレビの放送作家なので、仕事の予定が非常に変則的だ。また、夏はいちばん忙しい時期だし、ひとり息子はまだ幼い。わたしたち夫婦のほうが、先の見通しは立てやすい。わたしはエリザベスに電話をかけた。

「あのね、あなたたち家族と会う機会を本気で増やしたいと思っているの。そのためには、年に一度集まる場所を具体的に決めるべきだと思う」

「そうね。でも、いつにする？」

「考えたんだけど、あなたとアダムはあまりスケジュールの融通がきかないから、会うのは2月の連休と決めましょう。あなたたちは仕事になるかもしれないけれど、それを言ったらどの連休にもその可能性はあるわけだし。ロサンゼルスから車で移動できる範囲内で素敵なホテルを予約して、そこで落ちあうの。そうすれば、飛行機の手配はわたしたち家族のぶんだけで済むし、あなたたちが来られなくなっても、わたしたちは予定どおりホテルに泊まって旅行を満喫する。ね、単純な話でしょ。これなら、誰もストレスを感じないわ」

「それを毎年の恒例行事にするの？」

「うまくいったら、毎年続ければいい。いま決める必要はないわ。肝心なのは、楽しいかどうかじゃなくて、苦労がないかどうかだから」

エリザベスもアダムもこの案に賛同してくれたので、わたしは南カリフォルニアのガイドブックを買い、目的地をサンタバーバラ地区に決めてホテルを予約した。それから時間が流れ、エリザベスに仕事が入って一度は会えないとなったが、直前になってまたスケジュールが変わり、エリザベス、アダム、ジャックの家族3人揃ってわたしたちと合流できた。見事に計画どおりになったのだ。

その後、わたしはこの2月の連休のように、年に一度の祝日をさまざまな習慣にあててみようと思い立った。労働者の日は家族揃ってインフルエンザの予防接種を受ける、セント・パトリック・デーはジェイミーとふたりで家計を見直すという具合だ。わたしの誕生日は、誕生日が同じ友人と毎年ランチをともにして祝うことにしている。その日以外に彼女と会うことはほぼないが、年に一度必ず会うことで、彼女との友情は続いている。

年に一度の習慣を特定の祝日に紐づけしたことで、罪悪感を覚えずにすむようにもなった。感謝祭が終わるまではクリスマスの買い物の心配はしないと決めたおかげで、11月24日までは買い物をしていなくても罪悪感はない。これが、心の霧を晴らすことの効果だ。

まとめ

◎「身につかない習慣」にはその習慣の価値と、具体的な「やること」が明確になっていないことが多い。

◎後ろめたいと感じる、あるいは「口だけ」になっている習慣はすぐに捨てるべき。

Take Action

■身につけたい習慣の「価値」と、そのために「やるべきこと」は何かを問う。

毎日の行動に「自分らしさ」は必要か？

「人は、最悪の習慣ですら失ったことを後悔する。たぶん、何よりも後悔する。最悪な習慣こそ、自分の個性に欠かせないものなのだ」

オスカー・ワイルド
『ドリアン・グレイの肖像』

わたしが、**習慣においてアイデンティティが重要だ**と理解し始めたのは、研究を始めてからずいぶん経ってからだった。習慣や行動に、「自分はこういう人間だ」という思いが強く結びついていると、それが重要だとなかなか気づけない。でもようやく、「これが自分のアイデンティティだ」という思いによって、習慣を変えるのは簡単にも難しくもなるのだと気づくことができた。

そのきっかけを与えてくれたのは、友人のマリアだ。

長女のイライザがマリアの息子と幼稚園で同じクラスだったという縁で、わたしは彼女と出会った。明るく快活で茶目っ気のある彼女を見て、わたしはすぐに仲よくなりたいと思った。そして数年後には、わたしのブログの動画を一緒につくるようになっていた。次に投稿する動画の撮影を終えたある日のこと、ふたりで習慣の話になった。

習慣vs「自分らしさ」

「変えたいと思っている習慣はない？」とわたしは尋ねた。

「実はね、お酒の量を減らしたいの」とマリアは言った。「わたしは特にワインが大好き。でも、飲むと翌日がつらい。グラス1、2杯のワインを飲んだだけで、翌日は気分がすっきりしなくて。それに、普段は会話の内容をはっきりと覚えているのに、お酒が入ると曖昧になる。先週もね、夕食のときに兄とすごくいい話になったの。心から通じあえたと思ったんだけど、そのときの会話を正確に思いだそうとしても思いだせない」。彼女の言葉はさらにこう続いた。「とにかく、お酒の量を減らしたら、運動や食事の節制なんかも、うまくできるんじゃないかと思って」。

「そのとおりだと思う」とわたしは言った。

わたしは何かをやめるときは一切断つタイプなので、彼女にもそうしてはどうかと勧めたが、マリアにその気はなかった。

「それはしない」彼女は首を振った。「お酒はやめたくない。わたしはイタリア人だから、美味しい食事とワインが大好きだし、自分が楽しいと思うことをしたい。それに、周りにもそうあることを期待されていると思う。『あなた飲むわよね？　じゃあわたしも』って友だちからよく言われるし。わたしはみんなから、いつでも陽気にはしゃぐ人だと思われているのよ」。

「だって、いつだって陽気にはしゃぐじゃない！　あなただってわかってるはず」

「ええ」マリアは笑いながら同意した。「陽気に、は、しゃ、ぐ、の、が、わ、た、し」。

「あなたが何杯飲んでいるかに気づく人なんてほとんどいない。まあ、『マリアがもう1杯ワインを飲むんなら、わたしももう1杯飲める』っていうふうに、自分のペース配分にあなたを使う人は別だけど。人が食べたり飲んだりする量は、一緒にいる人の行動に少なからず影響されるものなのよ。あなたの場合は、あなたに正しい影響を与える行動をとりたいってことね」

「楽しい時間は絶対に失いたくない」と彼女は言う。「でも、お酒を飲むと、翌日の調子がよくない」。

「つまり、お酒を飲む量と、飲むタイミングを決める必要があるということね」

さまざまなプランを検討した結果、マリアは**自分で納得のいくルールをつくった。**自宅で夕食を食べるときはワインを飲まない。友人と外食するときは、グラス1杯だけ飲んでもいい。記念日など特別なお祝いごとのときは、数杯飲んでもいい。

わたしとマリアは、新しい習慣を身につけようとする彼女の試みについてメールで話しあった。わたしはまず、マリアが決めたルール（いつ何杯飲んでもいいか）のことを詳しく尋ねた（アップホルダーは、どんなときもルールを把握したがる）。また、ワインの代わりとなる飲みものについても話した。アルコールは入ってなくても陽気な気分になれる飲みものはないものか。マリアは自分で開発した、スパークリングウォーターにざくろジュースを加えてライムを絞ったものを「我が家のドリンク」と名づけ、夫のトムと一緒に飲むようになった。トムもお酒の量を控えているのだ。一日の終わりに夫婦揃って「我が家のドリンク」を飲む。なんて素敵なアイデアだろう。

でも時間が経つにつれて、マリアにとっての**「これがわたし」というアイデンティティが、ルールを守るうえでの弊害になっていることが明らかになった。**最初の会話でマリアの口からそのことをはっきりと聞いていたとはいえ、わたしはそれほど大きな影響を及ぼすとは思っていなかった。イタリア人として美味しい食事を楽しみ、「場を明るくする存在」

という彼女のアイデンティティが、習慣を変えるいちばんの難関だったのだ。

送信者：マリア

自分の個性を自分で否定しているような気分です。わたしはイタリア人で、料理やワインを愛している。料理やワインの味が恋しいんじゃない。ワインを飲んだときに感じる、お祭り気分やほっとする感じが恋しいの。

とはいえ、平日の夜に家で飲むのをやめたことはよかったと思っています。昨夜も、トムがワインのボトルを開けるのを必死でとめたわ。だって、ボトルを開けたら1杯欲しくなるもの！　幸い、彼は納得してくれました。自分で自分をコントロールできていると実感できるのは、やはり嬉しいものです。

このように、アイデンティティは習慣に大きく影響する。友人に炭水化物を控えた食生活を続けていると話したとき、その友人は首を振りながらこう言った。「わたしには絶対無理。細かいことを言うのは性に合わないもの。『これは食べない』『それはしない』と言うのはわたしじゃない」。

「例外をつくってもいいのよ。たとえば、誰かの家に食事に招かれたときとか」

「あなたはつくってる？」

「いいえ」わたしは正直に認めた。「わたしは徹底してルールを守ってる。細かいと思われるかもしれないけれど、それがわたしだもの」。

「わたしはやらないかな。『何でもよく食べる』のがわたしだから」

「そのアイデンティティが、ほかの何か、たとえば、食生活を変えることの妨げになったら問題よ」

アイデンティティの重要性に気づくと、習慣の定着や維持に果たす役割も見えてきた。友人から「夫もわたしも、もっと早く寝る必要性に迫られている」との相談を受けた。「夜更かししても、赤ちゃんがいるから早起きしないといけないの。わたしも夫ももう限界。もっと早く寝ないといけないと言い続けているんだけど、どうしてもできない」。

「寝るまではどういう流れなの？」

「11時になったら、ふたりでキッチンへ行って、ナッツやチーズなんかをつまみながらおしゃべりするのが決まりなの」

「素敵ね」

「ええ」これに続く言葉に、問題のカギを握る事実が表れていた。「親として早く寝るべ、きだと、夫もわたしもわかってる。でもね、赤ちゃんも大事だけど、一日の最後にふたりきりになる時間をどうしても手放したくないの。日付が変わる前にベッドに入ると、所帯じみた人間になりそうに思えてしまう。もっと睡眠が必要だとわかっているんだけどね」。

要するに、**新たに身につけようとする習慣が、自分の一面を変えるもしくは失うことを意味すると、身につけることが格段に難しくなる**のだ。わたしも、自分のほんの些細な一面を表すだけの習慣ですら、なくなると残念に思う。昔の話になるが、わたしは財布を持っていなかった。「財布を持たない女性」である自分を気に入っていたので、リュックの中をさぐるより財布を持つほうがはるかに便利だと思う場面に何度も遭遇したが、なかなか買わずにいた。自分のアイデンティティのごくわずかな部分だとわかっていても、この部分の自分を手放したときは胸が痛んだ。

「自分」はどんな人間か？

調査によると、**人は自分で自分に言い聞かせる言葉を信じようとし、自分で自分についてどう語るかがアイデンティティのとらえ方に影響を及ぼす**という。それは必ず習慣にも影響を及ぼす。だから、自分で自分に向かって「わたしは怠け者だ」「セールはどうしても見過ごせない」「何でも一度は試すのがわたし」「ギリギリにならないと仕事にとりかかれない」「自分は運がいい」などと言い聞かせていれば、それが本当に自分のアイデンティティの一部となり、行動にも影響するようになる。

同じ特性を表す場合でも、言い方によっていい意味にも悪い意味にもなる。その言い方をうまく利用すれば、習慣を形成する助けとなってくれる。真面目とも言えれば厳格とも言える。自発的とも言えれば衝動的とも言える。食にうるさいとも言えれば、食いしん坊とも言える。楽しいことが大好きとも言えれば、好きなこと以外はやらない怠け者とも言える。芸術家肌とも言えれば、片づけられない人とも言える。エネルギッシュとも言えれば、落ち着きがないとも言える。

わたしはずっと、自分のことを「運動が嫌いな人」だと思っていた。ところがあるとき、わたしが嫌いなのは「競技」だと気づいた。わたしには見事なまでに協調性がなく、試合も好きではない。競争が楽しいと思えないのだ。でも、身体を動かすことは嫌いではない。走ったり、カーディオマシンや筋力トレーニングマシンを使って運動したりするのは平気だ。そして自分のことを「運動を楽しめる人」だと思うようになると、自分自身に対する見方が変わり、運動する習慣が身についた。

有権者を二つのグループに分けて、一方には「あなたにとって、投票することはどれくらい重要なことですか？」と、もう一方には「あなたにとって、投票する者であるということはどれくらい重要なことですか？」と尋ねる調査を実施したところ、次の選挙で実際に投票に行った人の数は後者のグループのほうが多かったという。これは、投票を単なる行為ではなく、その人のアイデンティティの一部として問いかけたからだろう。

自分のアイデンティティに新たな要素が加わるとワクワクする。わたしは、「ニューヨーカー」「親」「ブロガー」「車を運転する人」「幸せ追求の専門家」が加わったことを嬉しく思っている。小説家の村上春樹はランニングを欠かさない。彼は『走ることについて語るときに僕の語ること』で次のように語っている。「（ウルトラ・マラソンは）自己に対するあなたの観照に、いくつかの新しい要素を付け加えることになる。その結果としてあなたの人生の光景は、その色合いや形状を変容させていくことになるかもしれない。多かれ少なかれ、良かれ悪しかれ。僕の場合にもそのような変容はあった」。**アイデンティティがあれば、自分の価値観に従って行動しやすくなる。**たとえば、「職場で時間を無駄にするような人間ではない」「責任逃れをするのはわたしらしくない」「行くと言ったら必ず行くのがわたしだ」といった例からもわかるように、アイデンティティと価値観は結びつきやすい。

もちろん、**アイデンティティに結びつく習慣に従うことは大切だ。ただし、アイデンテ**

イティが習慣の代わりを務めることはないので注意が必要だ。ランニングシューズを履いたからといって、走ったことにはならない。野菜を買ったからといって、野菜を食べたことにはならない。アウトドア雑誌を読んだからといって、キャンプに行ったことにはならない。幸せについての本を書いたからといって、幸せになるという決意をもち続けないことにはいま以上幸せにはなれない。友人と一緒に食事をしていたとき、彼がこんなことを言いだした。「砂糖断ちしてるけど、チョコレートムースがすごく美味しそうだからルールを破ろうかな」。

「いつから断ってるの？」とわたしは尋ねた。

「先週」が彼の答えだった。ほんの数日しか砂糖断ちしていなくても、彼のなかではもう、「砂糖を口にしない人」になっているのだ。

ときには、**アイデンティティの一部を変えると決めたことを周囲に伝えると、習慣が続けやすくなることもある。**マリアもどちらがいいか悩んだ末、周囲に自分の立てた誓いを伝えたほうが守りやすくなると考えた。

送信者：マリア

この前４人で集まったとき、ふたりは赤ワインを飲んで、ふたりは飲まなかった。飲まなかったうちのひとりがわたし。勧められたから当然断ったけど、みんなから、「どうして飲まないの?」と大騒ぎされちゃった。

それで、自分の決めたルールを説明したいと思った。そうすべきだとも思った。みんなに話せば、心変わりして1杯飲むことも防げるだろうし。だからその場で話しました。そうしたら、もう後戻りできないんだって実感した。周りに話すと、断る意志が強くなるのね。

「自分らしさ」が習慣に作用する

人はときどき、「こう見られたい」と周囲に伝えたくて習慣を形成することがある。画家のデヴィッド・サーレは、ジャーナリストのジャネット・マルコムに次のように語っている。「約束の時間にきちんと現れないように訓練する必要があった。時間に正確に行動することは、バカげていて自分に似合わない。芸術家が時間に正確だなんてありえない」。

また、「自分はこうありたい」という思いを周囲に伝えたくて習慣を形成することもある。友人がこんなことを言っていた。「高校生のとき、酒とマリファナを少しやった。やりたかったわけじゃなくて、『僕は遊んでるぞ! いい子ちゃんなんかじゃない!』とみんなに手っ取り早く伝えたかったんだ。本当は違ったんだけどね」。

企業や組織が人々の習慣を(良くも悪くも)変えることだって可能だ。その人が望むアイデンティティと特定の習慣をリンクさせればいい。ハース兄弟の『アイデアのちから』に、テキサス住民の街を汚す習慣を見事に変えさせたキャンペーンについての記述がある。キャンペーン当初は、「ゴミを捨てないでください」や「ご協力を！」といったメッセージを発信していたが、メッセージを届けたい層への効果は皆無だった（ターゲットとしていたのは、ピックアップトラックに乗り、スポーツとカントリーミュージックを好む18～35歳の男性だった）。その後、テキサス出身としても有名な、元プロボクサーのジョージ・フォアマン、ギタリストのスティーヴィー・レイ・ヴォーン、ミュージシャンのウィリー・ネルソンをはじめ、さまざまなスポーツ選手が登場し、「テキサスを汚すな」というメッセージをテレビで流すようにした。その結果、「テキサスの男は誇り高く忠誠心に厚く、屈強でたくましい。真のテキサスの男は街を汚さない」というメッセージを視聴者に与えることに成功した。テレビでメッセージが流れるようになった最初の5年で、通りに落ちているゴミは72％減少した。**人は、自分のアイデンティティを行動に反映させるのだ。**

わたしが観察したところ、**アイデンティティの活用はレブル傾向の人に特に向いている**ように思う。彼らは一般に、習慣によって制約が生まれることを受けいれがたいと感じるが、自分の気持ちに正直であることに価値をおくので、自分のアイデンティティを表す習慣だと思えば受けいれる。

たとえば、周囲から尊敬されるリーダーになりたいと思っていれば、その「リーダー」というアイデンティティがあることで、周囲との摩擦を避けるために、時間厳守で行動する、意味がないと思うミーティングでも出席するといった行動を自らとろうとする。そうすることを、自ら望むようになるのだ。

レブル傾向の人から次のような投稿があった。「レブルの特徴として何よりも大切なのは、そのときどきの自分に誠実であることだとわたしは思っています。欲求やニーズはそのときどきによって変わりますが、どんなときでもそれを自由に追求したいのです。とはいえ、どんなときも変わらない、自分が自分であるための価値観や特徴というものもあります。たとえば、わたしはどんなときでも良き母でいるという自負があります。自分の母親のようにはなりたくないと思っていて、子どもへ愛情を注ぐ献身的な母親になろうと決めていました。そして実際にそうしています」。

別のレブル傾向の人からも、次のような意見が届いた。「自分の一部を表す習慣があるとすれば、その習慣は地に足をつけるためのものではなく、自分自身に正直でいられるようにするためのものです」。

「自分らしさ」の罠に気づく

ときには、**自分にとってよくないアイデンティティに凝り固まってしまうこともある。**

「ワーカホリック」「完璧主義者」「保守派」「責任者」などがその例だと言える。わたしは人の傾向を四つに分類したが、それは、あくまでも自分自身に対する理解を深めるためである。そうした分類によって、自分のアイデンティティを限定すべきではない。ブログの読者から次のような投稿があった。「これまでずっと、食べものや食事がわたしのアイデンティティの大部分を占めていましたが、あるとき、わたしがせっせとパンを焼くせいで肥満になったのだと気づきました。それを境に、『パンを焼く人』というアイデンティティは手放しました」。レブル傾向の友人のなかに、自他ともに認める夜遊び好きな女性がいる。あるとき、誰かが彼女に向かって冗談交じりに「君は大人じゃない」と言っているのが聞こえた。すると彼女は嬉しそうに、「ええ、わたしは大人じゃない！」とその言葉を繰り返した。彼女は「大人じゃない」というアイデンティティを気に入っているのだが、そのアイデンティティは問題となる恐れがある。「神童」「若き成功者」「青年活動家」「純情な少女」というように若さを自分のアイデンティティにしても、いずれ必ず失う。

自分のアイデンティティと習慣の関係について振り返ると、アイデンティティが習慣の邪魔になった例がいくつかある。わたしは読書家を自任していて、一度読み始めた本は必ず最後まで読む習慣が身についていた。「真の読書家」とはそういうものだと思っていたからだ。そう思っていたのはわたしだけではない。ソーシャルリーディング・サイトのグッドリーズによると、38%の人が読み始めた本を必ず最後まで読み終えるという。でもわたしは、読む気がなくなったらすぐに読むのをやめることを習慣にすると心に誓った。おかげでわたしの心はずいぶんと軽くなった。つまらない本を途中でやめれば、そのぶん好きな本を読む時間が増える。自分の好きなことをしているほうが、やる気も沸くし幸せな気分にもなる。

これとは別に、頭のなかでもっと議論が起きた習慣もある。

わたしは何カ月にもわたって瞑想を続けてきた。この習慣を身につけることは、「瞑想に抵抗がある人」というそれまでのアイデンティティを変えることを意味した。それでもわたしは、やってみようと心に決めた。

そうして何カ月も続けてきたわけだが、この習慣について改めて考えてみた。これまでは、一度決めたことを守りたがるアップホルダー特有の性質と、毎日の決まりごととして定着した惰性《だせい》によって続けてきた。でも、よく考えてみると、気持ちが静まったと数回実感したことを除けば、何の変化も感じられない。大変で退屈なだけで、何の成果も得られない。いいことは何もない。

結局、瞑想はやめることに決めた。

ところが、そう心に決めたとたん、**新たに生まれたアイデンティティを手放したくないと思っている自分に気づいた。**「瞑想する人」のままでいたいという理由だけで、瞑想を続ける誘惑にかられたのだ。これは、瞑想したいという気持ちとは似て非なるものだ。

やはり、瞑想はやめる。わたしには合っていない。受けいれられなかったことは残念だが、**「自分にとって正しいことをしよう」と自分に言い聞かせた。**

わたしはまた「瞑想をしない人」に戻った。これからも、ありのままの自分でいようと思う。

まとめ

◎習慣にはアイデンティティが強く結びつく。新たな習慣が「自分らしさ」を変える、もしくは失うものだと、身につけることが格段に難しくなる。

◎自分で自分についてどう語るかがアイデンティティに影響を及ぼす。自己のとらえ方を変えることで習慣の形成に役立たせることも可能である。

Take Action

■身につけたい習慣や断ちたい行動に即したアイデンティティを意識してみる（例：「最近、朝型だから」「二次会にはあまり行かないんだ」）。

習慣は伝染する

「あなたを成長させてくれそうな人と一緒にいなさい」

セネカ
『道徳書簡集』

わたしは賞賛や感謝の言葉をもらうことや、誰かの役に立ったと実感することが大好きだ。妹のエリザベスからデスク付きルームランナーの使い勝手について話を聞きたがったのも、この理由からだった。彼女が身につけた良い習慣に自分が一役買うほうが、自分に良い習慣が身につくことよりも、喜びははるかに大きい。先日、デスク付きルームランナーのおかげで血糖値が安定するようになったと言われたときは、とびきり嬉しかった。そして今度は、一役買ったのはルームランナーだけではないとわかった。エリザベスから次のような近況報告があったのだ。

「あのね、インフォーム・フィットネスへ行ったよ！」と彼女は言った。わたしが熱心に通うジムのロサンゼルス支店がオープンしたのだ。事前にそのことはメールで知らせていたが、特に反応はなかったので関心がないのだろうと思っていた。

「すごいじゃない！　で、どうだった？」

「はっきり言って、きつい。でも、姉さんが勧める気持ちはわかる。20分を週に1回なら、やろうと思える」

エリザベスはわたしのおかげだと言ってわたしを喜ばせてくれるが、夫のジェイミーはそう易々と賞賛をくれるタイプではない。ある朝、着替えようとしている夫が鏡に映る彼自身の姿をじっと見ていた。

「少し痩せたな」と彼は言った。元々痩せる必要のない体型だったが、以前よりスリムになったことにはわたしも気づいていた。

「わたしが炭水化物を控えるようになって、あなたの食生活も変わった？」わたしはずっと、ジェイミーや娘たちの食生活も低炭水化物に変えたい気持ちを抑えていた（夫と娘は、甘いもの、パン、ポテトなどをいまでも普通に食べている）。とはいえ、そのよさについてよく語っていたことは否めない。

「そうだね」とジェイミーは肩をすくめた。「もうあんまりパンは食べない」そう言いながら、グレーのジャケットをハンガーからはずした。「週末になるとレーズンパンを買って食べていたけど、いまは食べない。出勤途中にベーグルを買って食べるのもやめた。グラノーラもあまり食べなくなったし」。

「それって、わたしの食生活の影響？　低炭水化物の理論に納得したから？　それとも、単にもう食べたくなくなっただけ？」

「その全部が少しずつ合わさった感じかな」と彼は曖昧に言った。いつもと同じで、自身の習慣を深く探求する気はあまりないようだった。

この会話からあまり日をおかずに、今度は義母から、義母と義父も炭水化物を控え始めたと言われた。始めた理由は、わたしの話や低炭水化物ダイエットを提唱したトーブスの本で知り、やってみる価値がありそうだと思えたからだという。

誰かを変えることはできないが、**自分が変わることで誰かが変わることはある。**反対に、**誰かが変わることで、自分が変わることもある。**

ここまでは、自分ひとりで習慣を身につける方法にだけ目を向けてきたが、今度は、自分の習慣が周囲にどのように影響を与え、また、周囲の習慣からどのような影響を受けるのか、この両方について見ていこうと思う。誰かの行動や習慣は、わたしに多大な影響を与え、わたしのそれらもまた、周りに多大な影響を与えるはずだ。

他人から与えられる影響

まずは、わたしの習慣に周囲が与える影響について考えてみた。わたしは自分のことを「ひとりで行動するタイプ」だと思っている。実際、習慣を身につけるときも自分ひとりで取り組む。とはいえ、**誰かの行動や考え方の影響を受けているのも事実だ。**たとえば、「健康の一致」と呼ばれる現象がある。これは、カップルの健康上の習慣や健康状態が時間が経つにつれて近づく現象を意味する。カップルのどちらかひとりの健康にかかわる行動（睡眠、食事、運動、病院とのかかわり方、アルコール、タバコの摂取など）は、もうひとりの行動に影響を及ぼす。仮にどちらかひとりがII型糖尿病を患えば、もうひとりもそうなる危険性はかなり高い。また、どちらかひとりがタバコやアルコールをやめれば、もうひとりもやめる可能性が高い。ブログ読者からも次のような投稿があった。「わたしがお酒をやめたら、夫の飲む量もかなり減りました。自分で用意するのが面倒だからというのもあるのでしょうが、一緒に飲む相手がいなくなったことも原因だと思います」。

わたしが運動を続けていられるのは、ジェイミーが熱心に運動を続けているおかげでもある。複数の本を同時に読み進めるようになったのも、未読の本が山積みになっていても気にせず新しい本を買うようになったのも彼の影響だ。また、ジェイミーがあまりにも嫌がってやめた習慣もいくつかある。なぜか彼は、わたしがベッドのなかでものを食べることを嫌がる。

人は目標をもって行動する人の影響を受けやすい。それにより、他人の習慣をすぐに自分に取りいれようとすることがある。だから、**自分の手本としたい人の近くにいることが自分のためになる。**他人の影響は、あなたが思う以上に大きいこともあるのだ。わたしは実際、調査で感銘を受けたときよりも、**成功した誰かの行動を目の当たりにしたときのほうが心を動かされる。**たったひとりのデータとはいえ、わたしにとっては非常に説得力のあるデータだ。そう思ったとき、誰かの発言に影響されて習慣として定着したことがこれまでにたくさんあったと気づいてハッとした。いまでは毎日使っている作家のためのソフト「スクリブナー」は、誰かのツイートで知って使ってみようと思った。同じく毎日使っているＵＰバンドだって、きっかけは『ニューヨーク・タイムズ』紙でそれを称える短い記事を読んだからだ。以前は塩をふってローストしたアーモンドを食べていたが、友人から「塩分は食欲を増進させる」と言われて生のアーモンドに変えた。友人の言葉が事実かどうかも知らないまま、習慣を変えてしまったのだ。『ニューヨーク・タイムズ』紙で健康に関するコラムを執筆しているグレッチェン・レイノルズは、著書のなかで次のように述べている。「わたしは毎晩、歯を磨くあいだ片足立ちをする。おそらくこれが、本書のために費やしたリサーチのなかでわたしにいちばん変化をもたらした行動だと言えるだろう。バランス感覚と体調が見違えるほどよくなった」。これならわたしにもできると思った。そして、マンションのエレベーターに乗っているあいだにバランスを鍛えることにし、降りるときは左足で立ち、昇るときは右足で立つようになった。

悪い習慣も伝染する

残念ながら、**他人がもたらす影響はよいことばかりではない。悪影響もある。**しないでおこうと思っていても、誰かがやっているのを見ると、「彼はやっているじゃないか！ならばわたしも」と、つい自分に許したくなるかもしれない。また、「みんながやっているのに、わたしが水を差すわけにはいかない」というように、周囲から取り残されたくないとの思いが生まれることもある。知り合いからこんな話を聞いた。「予算を守って生活しようと思っていますが、いちばんのハードルは友人のお金の使い方です。友人たちが必要でないものをたくさん買うのを見ていると、無意識にわたしもそういうことをしてしまいます」。

それどころか、誰かの**変わろうとする努力を攻撃する人もいる。**誰かの新しい習慣を知って自分だけ取り残された気分になる、健康的な習慣やその成果に嫉妬するといった感情が生まれることもあれば、自分を否定または批判されているように感じて傷つくこともあるからだ。

攻撃するまでいかなくても、誰かの習慣が変わることでちょっとした不便が生まれ、それに苛立つこともある。友人からこんな悩みを相談された。「週末の午前中に運動することを習慣にしたくて何度かやってみたのだけど、家族が文句を言うの。朝食がないとか、何がどこにあるのかわからないとか。どうすればいいと思う？」。

「なるほど。**人はたまにしか起きないことは受けいれようとしない。でも、習慣にすれば受けいれてもらえるわよ**」とわたしはアドバイスした。これを実感として知っている友人もいる。「わたしのオフィスのドアを閉めておく時間を毎朝設けるようにしたら、同僚もそれに慣れてくれた」。

また、**その場に溶け込みたいと思う気持ちから、他人の存在が習慣に影響を及ぼすこともある。**一緒にいる相手とうまくやりたいという気持ちは、人間が抱く基本的な欲求だ。この欲求が、良い習慣の前に立ちはだかることもある。友人の例を紹介しよう。「わたしはその場の雰囲気を和やかに保ちたい。そのほうが、ものごとがうまく運ぶから。誰かと向かい合って食事をするときは、その相手が取引先の場合はなおさら、前菜のサラダだけ頼むようなことはしたくない。相手がお酒を頼めば、わたしも飲まないといけない気持ちになる」。

「何を頼むかを相手が見ているって本気で思ってる？」とわたしは尋ねた。「仮に見ていたとして、それがどうしたの？　あなたなら気になる？」。

友人は言葉に詰まった。「わたしは気にならない。でも、その場に合わせないと雰囲気が変わるでしょ。それが嫌じゃない？」。

わたしは他人の習慣の影響はとても受けやすいが、自分の食習慣を周りからどう思われるかということはあまり気にならない。そういうことを気にする人の話を聞くたびに、これまでは複雑な気持ちになっていたが、ようやく、わたしの態度のほうが案外変わっているのだと気がついた。とはいえ、自分の習慣を受けいれているという態度をはっきりと示せば、周りはその習慣を、そしてわたしを受けいれようとしてくれる。

習慣にしたほうがいいことを誰かに提案するときは、「四つの傾向」がとても役に立つ。たいていの人はクエスチョナー（疑問をもつ人）もしくはオブライジャー（義務を果たす人）なので、相手がクエスチョナーの場合は、理由、成果、論理を強調すると説得力が高まる。オブライジャーの場合は、何らかの責任が生まれる形で提案するのがいちばんだ。相手がレブル（抵抗する人）のときは、提案する習慣のよさを説明するとよい。ただし、やってみるようにと促すのは厳禁だ。レブルは自ら決めたことしか行動に移さない。

他者の習慣に対する三つの態度

誰かの行動を応援するときの心持ちについても知っておくと役に立つ。誰かの健康的な習慣を応援したい（もしくはその習慣に反対したい）ときの人の心持ちは、次の三つのギアに分かれる。

ドライブモード：「ドライブモード」のときは、習慣の後押しとなるエネルギーや力を相手に与える。その習慣を続けることを応援し、思いださせたり、一緒にやったりするので、習慣を続けたい人にとってはとてもありがたい存在だろう。ただし、押しが強すぎるとうっとうしく思われるかもしれない。熱心な応援は、相手の反発心を招く恐れもある。相手がレブルの場合は特にそうなる可能性が高い。

リバースモード：健康的なことをしている人を見たときに、その人の足を引っ張ることをするのが「リバースモード」だ。といっても、「これは食べなきゃダメ！」「あなたのために焼いたのよ！」と熱心に食べさせようとする人のように、一種の愛情表現としてそうした行動に出る人もいる。一方、相手の習慣を知って甘い誘惑の言葉をかける、バカにする、やる気をそぐことを言う人には、悪意があると言えるだろう。

ニュートラルモード：「ニュートラルモード」は、相手の習慣に賛同する。習慣の内容に関係なく、その人がやろうとしていることを応援する。そうした態度は習慣を続ける助けとなることもあるが、するべきでないとわかっていることをつい許してしまう甘えを生むこともある。

わたしはマリアに、わたしの提案がお酒の量を減らす役に立ったと思うか尋ねた。マリアとその件について話していたときのわたしは、間違いなくドライブモードだった。

「うん、役に立った」とマリアは言った。「強要するような言い方をしなかったでしょ。あなたはわたしが取りいれられそうなアイデアを提案してくれて、その後どうしたか気にかけてくれた。それがよかったの。どうなったかあなたに報告しないといけないという気持ちになれたから」。

「お酒の飲み方はよいほうに変わったと思う？」

「うん。確実によくなった。あなたと話したおかげで、自分の行動が認識できた。以前のわたしは、翌日のことを考えなかったから飲みすぎていた。自分が何をしているか、ちゃんと認識していなかったのよ。だから、飲むときは、『楽しければそれでいい！』としか思わなかった。でもいまは、ゆっくり飲むことを心がけてるから、しっかりと味わうようになった」

マリアのときのように、習慣の定着に役立った例もあるが、あまり役に立たなかった例もある。たとえば、片づけを手伝った（本書101ページ参照）友人のマーシャルのマンションにその後も何度か片づけに行ったが、彼の執筆の役にはほとんど立たなかったようだ。

最後に彼のマンションを訪ねたとき、部屋を見たわたしは「すごい。すっかりきれいになったわね」と言った。片づける前の部屋の写真を撮っておけばよかったと心から思う。そうすれば、片づけた後と比較できただろう。

「ああ。掃除するところはもうほとんど残ってない」

「ねえ、こうなって、執筆の進み具合に何か変化はあった？」わたしは手を広げて部屋全体を指しながら尋ねた。「わたしなら変化があると思う。でも、あなたはどう？」。

彼は考え込んだ。「そうだな、執筆が進むようになったとは思わない。でも部屋がすっきりしてからは、以前より家にいたいと思うようになった。それに、不要なものはすぐに捨てる習慣がついた。だから、衛生面ではずいぶん変わったと思う」。

「手本」を示すのがいちばんの近道

自分が一貫した行動をとることで、それを習慣として定着させることのできる相手もいる。その相手とは「子ども」だ。わたしが誰よりも影響を与えたいと思っているのが、娘のイライザとエレノアだ。家庭というものは、無数の習慣によって形づくられている。リサイクルをするのか。時間どおりに行動するのか、遅れ気味に行動するのか。汚い言葉を使うのか。車に乗るときはシートベルトを締めるのか。定期健診を受けるのか……。こうしたとりとめのない習慣は、子どもたちに多大な影響を与える。世の中の仕組みに対する考え方も、こうした習慣が大きく影響する。

それに、人は習慣の影響を「受けあう」ので、イライザとエレノアに影響を与えたいなら、自分が良い習慣を身につけることが大切だ。たとえば、ふたりに従順になってほしければ、自分も従順にならないといけない。テレビやパソコンの画面をあまり長く見ないでほしければ、わたし自身が画面のスイッチを切る必要がある。

子どもたちに身につけてほしい習慣について考えるとともに、わたしはそれらを無理に押しつけることはしないと心に決めた。**大人が子どもに無理強いすると、そのまま習慣として身につくこともあるが、逆効果になることもある。**友人からこんな話を聞いた。「子どものとき、母親から服をハンガーにかけなさいと口を酸っぱくして言われたの。そのせいで、いまは絶対にかけない」。子どもも大人と同じで、強く禁じられると何としてもそれをやりたくなる。だから、**冷静に提案したほうが、結局はあまり抵抗されずにすむ。**

ある晩、イライザと宿題のことでずいぶんと話し込んだ。彼女はベッドに横になっていて、わたしは部屋のなかを歩きまわって片づけられるものがないか探していた。ブルーのマニキュアの容器を引き出しにしまい、ガムの包み紙をゴミ箱に捨て、本を棚へ戻し、服をタンスにしまいながら話をした（わたしは簡単な片づけをしているととても落ち着く。イライザはそんなわたしの行動を黙って許していた）。

「宿題のせいで週末が全部潰れちゃう感じになるのが嫌」とイライザは文句を言った。「遊ぶ時間が欲しい」。

「どうして週末の宿題になると、そんなに嫌なの？」ペン立てに鉛筆を戻しながら尋ねた。

「宿題そのものはそんなに大変じゃないけど、宿題があると一日が潰れちゃう気がする」

わたしは彼女の言葉を反芻した。２時間の作業で一日が潰れる感覚は、わたしにも覚えがある。

「ねえ、とんでもないこと思いついちゃった」わたしはそう言って彼女の隣に座った。真面目な提案をするという意思表示だ。「こういうのはどう？　ママは毎朝６時に起きてるでしょ。それはね、その時間は邪魔が入らなくて仕事が捗るからなの。６時はあなたには早すぎるけど、土、日に7時に起きるのならどう？　それなら平日に起きる時間だから、それほどつらくないでしょ。わたしの仕事部屋に来てママの横で宿題しなさい。きっと捗るわよ。それがすんだら、残りの時間は自由に使えばいい」。

「やだ。週末はゆっくり寝たい！」

「絶対に気に入ると思うけどな。早起きがつらいのはわかる。でもね、一日の使いみちが広がるわよ。それに、土、日のどちらかだけにすれば、もう片方は朝寝坊できるんだし」

「そう言われれば、そうかも」と、イライザが意外な言葉を口にした。

「ほんとにそう思う？」やる気になったと思ってわたしは嬉しくなった。「よかった！」。

「やってみようかな。ずっと続けるかどうかはわからないけど」

同意は得たものの、いざ日曜日の7時になると、わたしはドキドキしながらイライザの部屋のドアをノックした。すると、何かブツブツ言いながらも起きてきた。この作戦は成功だった。いまでは日曜日の朝になると、わたしの小さな仕事部屋にイライザがやってくる。

この習慣を維持しやすくするために、わたしもいくらか協力している。まず、7時に必ず彼女を起こす。一度忘れたとき、7時45分に起きてきたイライザから「午前中を無駄にした気分！」と文句を言われたのだ。また、彼女が起きる前に仕事部屋を片づけて、ゆったりと宿題ができるスペースを確保し、エアコンのスイッチを入れる。宿題をする彼女のために、朝食をトレイに乗せて部屋まで運ぶこともする。**でもいちばん大事なのは、彼女の隣に座ってわたしも仕事をすることだと思う。わたしが手本を示すのだ。**それに、わたしが隣に座っているほうが、ユーチューブやインスタグラムを見ようとしなくなるのではないかとも思っている。こうして、予定にいれること、責任を生むこと、やりやすくすること、誰かがもたらす影響の効果を組み合わせることで、日曜日に早起きする習慣は見事にイライザに定着した。

とはいえ、わたしの影響は数あるうちの一つにすぎない。わたしが提案したという理由だけでイライザが早起きするようになったかと言われると、甚《はなは》だ疑問である。エレノアがきれい好きなのは、わたしが片づけるところを見ているからかもしれないし、わたしがきれいにするよう促しているからかもしれないし、生まれつきそうなのかもしれない。いずれにせよ、子どもの習慣については、良くも悪くも自分のせいだとはあまり思わないようにしている。たぶん、**文才やリーダシップや笑いのセンスと同じで、良い習慣というものは、本人が習得するものであって、誰かに教わるものではないのだろう。**

自分で自分に影響を及ぼす

ここまで、自分の習慣に他人がどのように影響し、自分が他人の習慣にどのように影響するかを見てきた。そうして他人の影響について考えるうちに、わたしは**自分で自分を他人として見る方法がある**と思いついた。変な感じもするが、自分を外から見ることにはメリットがある。自分のことを第三者として見れば、さまざまなことがよりいっそうはっきりとわかるようになる。

わたしがそういう見方を思いついたのは、いま現在の自分と未来の自分や、なりたい自分とあるべき自分とのあいだの葛藤を表す的確な比喩はないかと悩んでいたときだった。不意に、**自分自身（いま現在の自分、なりたい自分）と、自分のことを客観的に見るマネージャーとしての自分の姿**が頭に浮かんだ。マネージャーという言葉が出てきたのは、妹のエリザベスが働く芸能界の用語がヒントになったのだと思う。

わたしが雇い主の一流芸能人で、マネージャーを雇っていると思ってもらえばいい。幸いにも、このマネージャーはわたしのことを完璧に理解していて、わたしの今後の幸せのことをつねに考えている。

ここ最近は、**習慣のことで悩むと、「わたしのマネージャーは何と言うか？」と自分に問いかけている。**先日も、電子書籍の作業を毎日1時間スケジュールに入れようかと考えた。どうするか結論が出ず、「わたしのマネージャーは何と言うか？」と自問自答したところ、マネージャーは少し怒ったようにこう答えた。「グレッチェン、いまのあなたにそんな時間はない」。やるべきことを教えてもらえると、ほっとすることがある。アンディ・ウォーホルもこう言っている。「いちばん雇いたいのはどんな人か。雇うなら上司がいい。僕がやるべきことを教えてくれる上司がいれば、仕事上のすべてがラクになる」。

わたしが雇い主で、マネージャーはわたしに仕える重役《エグゼクティブ》――この表現がとてもしっくりくる。マネージャーは、わたしの思考や行動を司る脳の実行機能《エグゼクティブ・ファンクション》だ。マネージャーに反抗する必要はない。何しろ、マネージャーの上司はわたし自身なのだから（当然、マネージャーもわたし自身だ）。

マネージャーは、良い習慣を守ることを促してくれる。「グレッチェン、あなたは精神的に参っているの。ぐっすり眠りなさい」「疲れているのはわかってる。でも、歩けば気分がよくなるわよ」という具合だ。誰かから厳しくされても、マネージャーはわたしを守ってくれる。ロックバンドのヴァン・ヘイレンが、楽屋にＭ＆Ｍのチョコレートを茶色いチョコだけ除いて大量に用意してほしいと要求したのは有名な話だが、わたしのマネージャーも彼らのように、「グレッチェンは寒がっているから、外に長くいさせられない」「グレッチェンは新作の執筆中だから、メールの返信に時間をかけることはできない」といった要求をする。その反面、「これはカウントしない」「みんなやっている」といった言い訳は決して認めない。

しかし、アップホルダー（約束を守る人）であるわたしは、マネージャーを少しは警戒することも必要だと学んだ。マネージャーの考え方はよく知っている。信用や正当性に感銘を受けやすく、ときにはわたしの未来を思うあまり、いまを楽しむ大切さを忘れてしまう。マネージャーの存在はありがたいが、**結局、わたし自身が「ありのままの自分」でいないといけない**ということに変わりはない。

わたしはずっと、夫のジェイミーの睡眠を改善しようと努力していた。毎朝起きるたびに、昨夜は眠れなかったという文句を聞かされているからだ。そんなある日、彼のほうから習慣にしたいことがあると提案してきた。

「睡眠に関するルールはすべて、僕がよく眠れるようになるためのものだよね。でも、僕たちふたりにとってもっと重要なことを習慣にするべきだと思う。睡眠も重要だけど、それ以上に有意義なことをしたい」

「賛成！　で、何をするの？」ジェイミーから習慣の話を切りだしたことに、わたしは喜んでいた。

「毎晩ふたりで話す時間を設けよう。その日にあったことをお互いに話して、それぞれが思っていることをふたりで共有するんだ」

「素敵！　そうしましょう」わたしは感動していた。まさか夫のほうから、毎晩ふたりの考えを共有する時間を設けたいと言いだすとは思ってもみなかった。普段が「ものごとをややこしくするのはやめよう」という態度だけに、本当に大きな進歩だ。「いつ話す？具体的に決めないと」。

「エレノアを寝かしつけた後はどう？」

そしていままでは、その日にあったことをほぼ毎晩（決して毎晩ではない）話す。このささやかな習慣のおかげで、夫婦の絆が深まったように思う。**日常生活を送っていると、慌ただしさにまぎれて本当に大切なことを見失いやすい。だからこそわたしは、習慣を使って自分の価値観に即した毎日を送ることを心がけている。**

まとめ

◎習慣の良い影響も悪い影響も、他人から受けてしまう。

◎自分の習慣について第三者的な「他人の視線」で眺めることで、本当に大切にしたい習慣がわかる。

Take Action

■良い習慣を形成できるような人間関係を意識しよう（例：泥酔するまで飲む人に付き合わない、ダイエットを否定せずに応援してくれる友人と話す）。

最後に
～手に入れる

「優柔不断な人ほどみじめな人間はいない。決めない癖がついていると、タバコに火をつける、何かを飲む、朝起きる、夜寝る、何かをやり始める、といったことをしようとするたびに、意識的に考えることになる。そういう人は、人生の時間の半分を決断もしくは後悔に費やす。まったく意識にのぼらせずにすむことに、それだけの時間を費やすのだ」

ウィリアム・ジェームズ

『心理学』

家族旅行から戻る飛行機のなかで、お菓子の入ったバスケットを差しだされて断ると、人当たりのよいフライトアテンダントがこんなことを言った。「長期のお休みの後は、クッキーやプレッツェルを断る人が多いんです」。

「断る人が多い期間って、どのくらい続くのですか？」とわたしは尋ねた。

彼女はにっこりと笑った。「新年の誓いが守られているあいだくらいですね」。

わたしはその言葉に興味を惹かれた。新年に習慣を変えようと試みて、いかに多くの人が失敗しているかが如実に表れている。大事だと思える行動を習慣にしようとして繰り返し失敗することほど、自分が嫌になることはない。新年の誓いを立てる多くの人が、きっとこの意見に同意してくれるだろう。

習慣の形成に不可欠なもの

習慣を変えることについて研究したわたしが、いちばん大事だと思ったことは何か。それは、**「自分の性質が土台にないと、幸せな毎日は成り立たない」**ということだ。

この考えを思いついた当初は、自分のことも習慣に対する自分の姿勢のことも、ほとんどわかっていなかった。いまは、自分はアップホルダー（約束を守る人）傾向で、何かを断つときは一切断つことを好み、ゆっくりと着実にものごとを進める長距離ランナーで、終わらせたがりで、朝型のヒバリだとわかっている。そのうえで、自分にとって何が重要で何が重要でないかをじっくりと考えた。おかげで、習慣を形成する力は以前よりも格段に上がった。

自分自身を深く理解したことで、自分以外の人のこともよくわかるようになった。習慣についての調査を始めた頃のわたしは、5分話せば初対面の人にも何らかのアドバイスを提供できるという自信があった。ただし、わたしという人間の性質がアドバイスの内容に反映されるとは思ってもいなかった。いまでは、相手の性質を踏まえて意見するようにしている。当然ながら、わたしとは正反対のやり方が功を奏することもある。仲間を見つける、競争を取りいれる、難しくする、といったことを試したくなる人もいれば、その反対を試したくなる人もいる。新しい習慣のことを周囲に宣言しようと思う人もいれば、誰にも言いたくないと思う人もいる。何かを断つと決めたときに、一切断つ人もいれば、少し許すほうがいい人もいる。**誰もが一律に効果を実感できる方法は、絶対に存在しない。**

それに、個々の違いを考慮に入れなかったら、習慣を形成するための努力に効果があったかどうかもわからない。仮に効果があったとしても、その理由を誤解してしまう。

友人がこんなことを言いだした。「身体にいい習慣を身につけたいなら、信頼できる医者を見つければいい。母が自宅で何年も透析《とうせき》を続けたと言うとみんな驚くけど、続けられたのは、担当医を心から信頼していたから」。

はたしてそうだろうか。わたしは思い切って口を開いた。

「あなたのお母さんは、言われたことを真面目に守る人？」

友人は笑みを浮かべた。「正解」。

「お母さん自身にとって大切なことのためにも、時間を使う人？　ほかの人のためだけじゃなくて」友人は頷いた。

「たぶん、お母さんは、在宅透析みたいに大変なことをちゃんとやり遂げられるタイプの人なのよ。そこがポイントであって、医者への信頼は関係ないんじゃないかな」

「まあ、そうかもしれないね」と友人は認めた。

習慣を変えるスイッチとなるものは、内面的にも外面的にもいろいろある。それらをきちんと理解すれば、習慣を変えることはずっとラクになる。

習慣についての調査では、個人というものを意識した。習慣を変えることができるのは、自分自身しかいない。それに、自分で自分をどのようにコントロールしているのかということにも昔から興味があった。ところが、習慣を形成する助けとなる方法をまとめていくうちに、もっと大規模に習慣を変えるにはどうすればいいかと考えるようになった。

わたしはその調査の一環として、高い評価を得ているテクノロジー企業に話を聞きに行き、社内を案内してもらった。最近では、受付のデスクにお菓子の入ったボウルを置き、各部屋の入り口付近にもエナジーバーやジュースを置き、社内全体に十分行きわたるほどの食べものをキッチンに常備し、巨大なカフェテリアを併設する企業が増えている。しかもそのすべてが無料だ。

社内を案内してもらっているあいだ、わたしはここの社員が健康的な習慣を養うために変えられることを全部見つける遊びをした。社員が考えることすらなく健康的な食生活を送るようになるためには、どうすればいいか？ まず、受付のデスクにあるお菓子を全部、中が見えない蓋付きの容器に入れ替えて、小さく「お菓子」とだけ書いておく。キッチンにはすべてドアをつける。キッチンに常備するお菓子やナッツも、逆さにすればいくらでも出てくる容器はやめて、一度に少量しか出てこない容器に移し替える。社内の案内が終わる頃には、頭のなかに10の改善点が浮かび上がっていた。

以前より「よくなる」

わたしは自分が新たに身につけた習慣を気に入っている。でも、いちばん嬉しく思っているのは、わたしを通じてほかの誰かに身についた習慣だ。父は、低炭水化物の食生活をすっかり気に入り、いまではアメリカンフットボールをしていた高校時代の体重に戻った。コレステロールを下げる薬と血圧の薬の量は半分になり、なんと、父の担当医も低炭水化物の食生活を始めたという。長女のイライザは、日曜日の朝に週末の宿題を終わらせる習慣に満足している。妹のエリザベスは、デスク付きルームランナーで歩く習慣を心から気に入っている。先日電話をかけると、彼女から報告があった。「A1cレベルがすごいの。『基準値』に入って、しかもそのかなり上のほうになった」。

「それっていいことなの？」

「うん。基準値から程遠いこともたまにあったから。本当によかった」

「何のおかげかしらね？」

「いろいろあると思う。まずは何といってもルームランナーでしょ。それから、体重が落ちたし、ジャンクフードもずいぶん減った。週に一度の筋力トレーニングも続けてる。そういうことが全部合わさったおかげじゃないかな。それにね」とエリザベスはさらに続けた。「夫もトレーニングを始めたんだよ」。

習慣は、良くも悪くも自分のなかで増殖する。それに、人から人へと広まる。お酒の量を減らしたマリアも、「習慣の力が大きくなってきた。いつもより多くワインを飲むと、いまじゃ何だか嫌な気分になる」と言っていた。エリザベスは運動する習慣が身についたことでさらに運動量が増え、夫のアダムも運動するようになった。反対に、何かをする回数が減れば、やりたいと思う気持ちも減る。仕事部屋が掃き溜めと化したら、わたしはとても掃除をする気になれない。

自分やほかの人の習慣に生まれた変化について思い返すと、絵に描いたようなドラマチックな変化はめったに生まれないのだと気づいた。すっかり変わることはもちろんあるので、まったくの夢物語ではない。とはいえ、「以前よりよくなった」状態でたいていは落ち着く。変化はそれで十分だ。

習慣には自動的に身につくものもあるが、だいたいは何らかの努力が必要になる。そこで大切になるのが、変わろうとする方向だ。いい時間の使い方をした、自分の期待に応えられたと実感すると、人は大きな充足感を得る。**いちばんの目的は、悪い習慣を壊すことではない。その習慣から抜けだすことだ。**しっかりと注意を払っていれば、悪い習慣の存在に気づき、手を出さないようになる。

習慣にしたくて繰り返し行っても習慣にならないことはよくある。それは、習慣にするための代償を払うことなく、そのメリットだけを手にしようとするからだ。習慣のことを思うとき、わたしはつねにジョン・ガードナーの「法律を破れば必ず代償を払い、法律に従っても必ず代償を払う」という手厳しい言葉を思い浮かべる。習慣についてとても大事なことを教えてくれているからだ。良い習慣を維持するにはコストがかかる。コストは時間かもしれないし、エネルギーやお金かもしれない。あるいは、楽しみやチャンスを諦めることかもしれない。ところが、**良い習慣を維持しないことにもコストはかかる。**あなたなら、どちらのコストを払いたいと思うだろう？　長い目で見たときに、いま以上に幸せな毎日を送るためには、何が必要となるだろう？

習慣の形成について自分の考えがまとまった頃、わたしは次女のエレノアとの会話をきっかけに、これほど長い時間をかけて習慣について調べることになった理由を思いだした。我が家では、日曜日の晩に家族揃って映画を観ると決めている。ある晩、わたしは『失はれた地平線』をみんなで観ると決めた。これは1937年の映画で、謎の理想郷「シャングリラ」へ連れて来られた男性が主人公の物語だ。エレノアは、この映画を気に入った。しかも、映画の原作となった小説を見せると、物語の続きを自分が書くと言いだした。彼女は頭を悩ませながらノートに物語を書き、わたしのところへきて読んで聞かせてくれた。

「そうだ。このお話のタイトルも考えたよ」

「何？」

――「理想郷での毎日」

素敵なタイトルだ。この言葉がわたしの頭から離れなかった。

習慣や幸せに関する研究のすべては、まさに「理想郷での毎日」をできるだけ現実にするためのものだ。愛しい人たちと深い絆で結びつき、満足のいく成果を上げる毎日。エネルギーに溢れ、健康で、何かを生みだす毎日。楽しいこと、熱意をもてること、夢中になれることで満たされ、後悔、罪悪感、怒りをほとんど感じない毎日。そんな毎日に少しでも近づくために、わたしは習慣や幸せを研究したのだ。

良い習慣を身につけることには、間違いなく途方もない価値がある。研究を始める前のわたしは、自分が望む毎日にできる機会を満足に活かしていなかった。でもいまは、習慣について学んだおかげで、よりよい毎日を送ろうとするようになった。そうして少しずつ、わたしの理想郷への近づいていくのだ。

明日になれば、何の決断も、何の意志の力も使うことなく、わたしは6時に起きる。そして、まだ眠っているジェイミーにキスをして、1時間ほどコンピュータに向かって仕事をする。それからイライザとエレノアを起こし、みんなの朝食を準備する。エレベーターに乗っているあいだは片足で立ち、エレノアを学校まで歩いて送り、家に戻ってきれいに片づいた仕事机の前に戻る。このとおりに行動したからといって、誰もが幸せになれるわけではない。でも、わたしはこの習慣があるおかげでとても幸せを感じている。

まさに、それがわたしにとっての理想郷での毎日なのである。

訳者あとがき

この本の著者であるグレッチェン・ルービンは、よりよい人生の探求者だ。２００９年、彼女がいま以上の幸せを1年かけて探求した手記が出版され、全米の話題をさらった。そんな彼女の次なる探求のテーマは「習慣」だ。

なぜ習慣なのか？

それは、わたしたちの行動のおよそ40％が習慣で成り立っているからだ。日々の行動の半分近くを習慣が占めるのだから、人生に与える影響は大きい。だからこそ、よりよい人生を送るカギは習慣にあると著者は考えた。

といっても、身につけるべき習慣が何かを教えてくれるのかというと、そうではない。誰かにとっては良い習慣でも、別の誰かにとってもそうとは限らない。著者はまず、身につけたい習慣を定着させるには、習慣の受けとめ方を自分自身で把握する必要があると考えた。これが案外難しい。ありがたいことに、著者は自分の受けとめ方の傾向を客観的にとらえる分類法を考案してくれた。それが、自分の期待にも周囲の期待にも応えようとするアップホルダー、自分で自分に課す期待にも、周囲からの期待にも疑問を抱くクエスチョナー、周囲からの期待を義務に感じて応えようとするオブライジャー、どんな期待にも反発するレブルの四つだ。ほとんどの人が、この四つのうちのどれかに当てはまるという。巻末に自分の傾向を知るための診断テストがあるので、みなさんも自身の傾向はどれか確認してみてもらいたい。

自分について知る――これが、身につけたい習慣を定着させるための第一歩だ。

身につけるべき習慣も、身につけたいと思う習慣も人それぞれ違う。とはいえ、新しい習慣を定着させるコツや、なくしたくない習慣を維持するコツはある。本書では、習慣の定着や維持に役立つ行動や考え方がふんだんに紹介される。そのすべてが、著者自ら、もしくは友人や家族が身をもって体験し、効果を確認したものだ。著者にとって有効だったものもそうでないものも含まれていて、どの傾向の人にどういう効果があるかも記されているので、あなた自身の傾向に適した考え方や、試してみたい方法がきっと見つかると思う。

わたしは朝起きると、まずカーテンを開ける。それから顔を洗ってうがいをし、水を飲んでテレビをつける。こうした一連の行動は、何も考えずに当たり前に行う。「カーテンを開ける」「顔を洗う」といったことまで、逐一考えて決めないといけないと思うとぞっとする。自分で考えて決める必要性が少なくなればなるほど、時間や心に余裕が生まれる。「習慣」という言葉があまり好きでない人も、これを機に、何も考えずにできるようになりたいことは何かと考えてみてもらいたい。自分のためになる何かを自然と行動に移せるようになれば、人生は確実によりよいものになる。この本が、みなさんの望む人生に近づく一助となることを切に願う。

最後になったが、本書の翻訳にあたり、文響社の林田玲奈さんに大変お世話になった。この場を借りてお礼を言いたい。

２０１６年11月

花塚恵

「四つの傾向」診断テスト

アップホルダー、クエスチョナー、オブライジャー、レブルのどれかを判別する設問を用意した。当てはまると思うものすべてにチェックマークを入れよう。チェックマークの数がまったく同じ傾向が二つあったからといって、その二つを足して二で割るというわけにはいかない。二つの傾向を吟味して、より当てはまるほうがあなたの傾向だと思えばよい。

この診断テストは、あなたの性質を特定するものではない。自分自身の理解を深めるためのものとして、活用してもらいたい。

アップホルダー（約束を守る人）

□ルールを破る人（「携帯電話禁止」と書いてあるのに平気で携帯電話を使うなど）と一緒にいると、それによって迷惑を被る人や困る人がいなくても、居心地が悪いと感じる。

□自らに課した締め切りは、たとえそれが任意に決めたものであっても守ることができる。
□新年の誓いを立てたら、たいていは守り続ける（この設問は「新年の誓い」限定で答えること）。
□自分で自分にした約束を守ることは、自分以外の人にした約束を守ることと同じくらい重要だ。
□周りにいる人から、ときどき自分の厳格さを煩わしく思われる。また、厳格だと責められたことがある。

クエスチョナー（疑問をもつ人）

□自分の生活を変えたいと思ったら、すぐに変える。1月1日に特別な意味はないので、新年の誓いを立てようとは思わない。
□自分が納得のいく決断を下すことがとても重要だ。情報やもっともな理由を要求するせいで、周囲を苛立たせることがある。
□誰かの勝手な理屈に従って何かをすることを求められると、本当に腹立たしい。
□専門家の意見は知りたいが、どうするかは自分で決める。具体的な指示（エクササイズを行う順番の指示など）を与えられても、自分の判断で変えることもある。
□自分の目的に必要だと思えば、苦労なく新しい習慣を続けられる。そうでないことは、やろうとも思わない。
□四つの傾向という分類の仕方が本当に理にかなっているのか疑問だ。

オブライジャー（義務を果たす人）

□協力を求められることが多い（レポートの作成、急なスピーチなどを頼まれる）。周りの人たちから、頼まれたら自分を犠牲にしてでも応じると思われている。
□新年の誓いを守れたことがないので、誓いを立てることを諦めている。
□自分のためだけならやりたくないことでも、誰かのよき手本となるためだったらやる（ピアノを練習する、野菜を食べる、禁煙するなど）。
□他人のことを優先させてしまう自分を腹立たしく思っているが、自分のための時間はなかなかつくれない。
□よい習慣が身についたことはあるが、成果を実感できないことは、身につけようと思ってもうまくいかない。

レブル（抵抗する人）

□新年の誓いも立てないし、新しい習慣を形成したいとも思わない。そういうものに縛られるつもりはない。
□自分のやりたいことをする。つねに自分に正直でいたいので、他人の期待に応えようと思わない。
□何かを頼まれたり、命令されたりすると、反射的に拒むことが多い。
□やってほしいと思われていることをやろうとしないので、周りを苛立たせることがある。
□自分で受けいれたことなら、大変なことでも楽しめる。ただし、自分独自のやり方でしか取り組みたくない。
□それをするのが当然だと周囲から思われると、たとえそれが図工の授業のように楽しいことでも、やりたくないという気持ちが生まれる。誰かから期待されたとたん、楽しみが楽しみでなくなる。

【著者】

グレッチェン・ルービン

作家。キャリアのスタートは法律家で、アメリカ初の女性連邦最高裁判事となったサンドラ・デイ・オコーナーの書記官を務めていたときに、作家になりたいと気づいて転身した。作家となってからは、習慣、幸せ、人間の本質を追求し、世間に大きな影響を与えている。著作は多岐にわたり、なかでも『The Happiness Project』(『人生は「幸せ計画」でうまくいく！』)はアメリカでミリオンセラーとなり、30カ国語以上に翻訳された。習慣や幸せについて探求したことを報告するブログやポッドキャストも人気で、本だけでなくオンライン活動のファンも多い。彼女のポッドキャスト番組は、iTunesの「2015年ベスト番組」に選出された。また、彼女自身も、アメリカでもっとも尊敬を集める女性司会者として知られるオプラ・ウィンフリーにより、「2016年オプラが選ぶスーパーソウル100」に選ばれている。ニューヨーク・シティで夫とふたりの娘と暮らす。

【訳者】

花塚 恵

翻訳家。福井県福井市生まれ。英国サリー大学卒業。英語講師、企業内翻訳者を経て現職に就く。主な訳書に『脳が認める勉強法』(ダイヤモンド社)、『世界トップ3の経営思想家によるはじめる戦略』(大和書房)、『ハーバード あなたを成長させるフィードバックの授業』(東洋経済新報社)、『スターバックスはなぜ値下げもテレビCMもしないのに強いブランドでいられるのか?』(ディスカヴァー・トゥエンティワン)、『人生は「幸せ計画」でうまくいく！』(サンマーク出版)などがある。東京都在住。

人生を変える習慣のつくり方

2016年12月20日　第1刷発行

著　者　グレッチェン・ルービン

訳　者　花塚 恵

装　幀　長坂勇司（nagasaka design）

著者写真　Dave Cross

編　集　林田玲奈

発行者　山本周嗣

発行所　株式会社文響社

〒105-0001　東京都港区虎ノ門1-11-1

ホームページ　http://bunkyosha.com

お問い合わせ　info@bunkyosha.com

印刷・製本　中央精版印刷株式会社

ISBNコード 978-4-905073-56-7　Printed in Japan
この本に関するご意見・ご感想をお寄せいただく場合は、
郵送またはメール（info@bunkyosha.com）にてお送りください。